天下文化
BELIEVE IN READING

今文觀止

試從故紙看今朝

張作錦——著

爲什麼要寫《今文觀止》

不管有沒有讀過，中國人都知道我們有《古文觀止》這本書——由清人吳楚材、吳調侯叔侄所主編和註釋的一部文言散文選集。目的在「正蒙養而裨後學」，作為家塾訓蒙課本。

書於康熙十四年（一六七五）完成。上啓東周，下迄明代，共收二二二篇作品，是古典散文的經典之作。由於題材廣泛，篇幅不長，且簡潔易明，故早已走出蒙館，成為大眾的讀物。

惟《古文觀止》選文只到明

末，連清代的文章都沒有，遑論民國之後了。近代有近代的史事，有近代的文體，允宜有人爬梳選擇，將這段時期有價值的文章，有歷史性的人物，介紹給大眾。儘管筆者做這件事，深恐「志大才疏」，見笑於方家，但值得做的事總得有人去做，也就不計成敗毀譽了。

《今文觀止》除介紹典雅優美的文字與大家應該記得的人物，尤希望年輕讀者能從中多了解一些故實，知道社會是如何變遷演進的。

目錄

第6部 千秋功過，任人評說 303

第7部

兩位洋人，影響中國

跋／陳義芝

——出版者的話——

推薦《今文觀止》：

上世紀關鍵人物的言行
啟發這一代人的奮進

高希均

（一）「回憶錄」不是「封筆之作」

被新聞界尊稱的「作老」，於三年前出版《姑念該生》回憶錄時，當然就立刻轟動。天下文化作為出版者，也立刻有讀者關心：以後還能看到張作錦先生的著作嗎？這也使我們敏感地聯想，好像「回憶錄」有時會被認為是「封筆之作」？

這個不確定感，因為這本新著《今文觀止》而得到了解答。這位充滿歷史感與使命感的「終身」記者，只要可能，就會終身奉獻，不會擱筆停頓。

因此，萬千中外讀者又看到了張先生的新著。他指出：「希望年輕讀者能從中了解些故實，知道社會是如何變遷演進的？」

在社會上只顧當前的小確幸心態下，要為大家認真地補一堂百年來「中國社會變遷」的歷史文化的通識課，是何等可貴的承諾！

近年每月一篇在聯副發表的《今文觀止》專欄，所討論的人物與時間大多都落在十九世紀中葉到二十世紀中葉。此刻我再貫穿起來，細讀一遍，依然熱血沸騰，思潮澎湃。年輕讀者就可想到：經過時間洗鍊，尚能存活的歷史性文章，它的感染力依然可以是那麼地強烈感人。

在中日抗戰烽火中成長的一代，我們無法忘記：目擊日本軍閥的殘暴及家破人亡的場景。但是我支持當年蔣委員長在戰後要「以德報怨」，我也不斷提倡：「仇恨要遺忘，教訓要記取。」

（二）撰述重要的關鍵人物

這位在聯合報從地方記者，一路升到總編輯及社長的張作錦，付出心血最多的地方，當然就是聯合報系台北總部及紐約總部的那張編輯台。多少年來他每晚要面對萬馬奔騰湧入的資訊，在指揮若定中，做分秒必爭的判斷與取捨。這是專業、膽識、功力的結合。

優秀記者擅長對大人物與大事件的報導與分析，這位囊括了台灣新聞界最高得獎榮譽的「報人」，親身示範，以這本近十二萬字的精華篇幅，來透視、解析、俯瞰這三十餘位關鍵人物的言與行，以及所產生的持久影響——他們有正面的貢獻，也有負面的後遺症。

十九世紀以來中國百年存亡的滄桑，都可以在這本書中找到線索：引述十位人物為例：

●百年來中國最顯著的現象，處處受制於外人的侵略。因此特別首選**胡適**（一八九一——一九六二）：〈國家是我們的青山〉

「若是國家沒有了，我們到哪裡去呢？」

●**看梁啓超**（一八七三——一九二九）**認眞罵人**

罵得徐志摩無地自容，罵得袁世凱未能稱帝。

●**徐光啓**（一五六二——一六三三）：**把「賽先生」引到中國門口**

論「西學」和「洋務」比李鴻章和嚴復早三百年。

這位早期第一個睜開眼睛觀望世界的知識分子。

●**張學良**（一九〇一——二〇〇一）：**「中國人」，是條漢子**

東北易幟，西安事變，千秋功過難論定；晚年自述：不怕死，不要錢，大丈夫絕不受人憐，頂天立地男兒漢，磊落光明度餘年。

●容閎（一八二八—一九一二）：

一八四七年第一位中國留學生，一八五〇年入耶魯大學。曾致力於送幼童去美讀書，被譽為「中國留學生之父」。一九一二年孫中山就任臨時總統，邀他參與國政，但已八十四歲，同年四月在耶大坐落的哈特福市過世。

作者深沉地感慨：一個半世紀前去美是在救中國，豈料今天中美勢若水火，「兩個祖國」有解乎？

●俞大維（一八九七—一九九三）：國民黨重用他，共產黨褒揚他

錢學森公開稱讚：他是「兩彈一星」的「始祖園丁」。曾去過金門、馬祖前線一百三十次以上，國防部長的辦公室在金門。他曾說：打過仗的人都不要看到戰火重燃，戰爭只能帶來災難。

一九九三年，九十六歲去世，晚年表示：「希望兩岸和平，不再起干戈。」

●張元濟（一八六七—一九五九）：提倡「第一件好事還是讀書」

清末進士參與變法失敗，致力「平民教育」救國，把小小出版社變成集才館、儲才館和育才館，他的商務印書館走出十位大學校長。舉三例：蔣夢麟，北大，一九三一；竺可楨，浙大，一九三六；胡適，北大，一九四五。

●三位「殉文化」的大師

王國維（一八七七—一九二七）：一九二七年六月投湖

老舍（一八九九—一九六六）：一九六六年八月投湖

傅雷（一九〇八—一九六六）：一九六六年九月懸樑

學術界三位大師級人物，在「改朝易代」之際，以自己的手結束了自己的生命。

●錢穆（一八九五—一九九〇）：對本國歷史應懷有溫情與敬意

中日抗戰逃難之中，在昆明西南聯大完成了《國史大綱》。防止了「滅人之國，必先去其史」。

現行高中歷史把中國史列入東亞史，有學者認為這是在「去中國化」，憂心下一代「沒有史觀」。

●梅貽琦（一八八九—一九六二）：真正君子，一代斯文

西南聯合大學真正成功的因素，在「思想自由，學術獨立」，在「育才先育人」。

辦大學，重大師，不重大樓；他掌管庚款，太太卻擺攤養家。一九六二年，七十三歲，擔任校長二十一年，台北病逝。

（三）核戰一鍵之遙，和平一念之間

十九世紀以來，中國打開了半扇門，東西雙方開始接觸而交鋒而潰敗。面對鴉片戰爭、太平天國、甲午戰爭等內憂外患，站在存亡絕續十字路口的中國，急於革新以提升國力，也因此本書選擇了胡適〈國家是我們的青山〉，張學良〈中國人，是條漢子！〉，以及推介了嚴復、魏源、鄭觀應等「睜眼看世界」、積極引入西學以強健體質的新思維的一代大師。

在這部取材豐富、觀點銳利的作品中，作者透過三十餘位清末民初人物的生平故事，對近代中國的百年動盪進行了深刻且立體的描繪，字裡行間都可感受到這些文人志士的憂國憂民；書中還寫到幾位對二十世紀中國產生重大影響的外國人，包括在華五十年、為中國建立現代化海關系統的英國人赫德（Robert Hart），以及將共產黨和毛澤東首次介紹到西方的美國記者斯諾（Edgar Snow）。

他們的言與行、成與敗，影響了中國百年社會走向。

台灣此時此刻身在二十一世紀二〇年代，面對強權競逐，要記住先人的智慧及教訓，將國家視為「我們的青山」，避免淪為被操控的卒子，成為大國霸權的籌碼。

這本書提供了國人，尤其年輕一代，百年來中國的挫敗及省思，書中的材料應當變成年輕一代奮起中，不可或缺的學習素材。

全球新冠疫情尚未完全被控制，地球的另一端，俄烏之間戰火不斷，牽動世界變局。美國社會受到民意煽動、軍火利益、「美國第一」等等的強勢主導，中美之間持續升高明爭暗鬥。

隔著太平洋，核戰僅一鍵之遙；隔著意識形態，和平仍繫一念之間；在紅線邊緣的兩岸關係，更是接近一觸即發，一發也就不可收拾。天佑「我住過的三個家」：台中美。

天下文化創辦四十年（一九八二—二〇二二）以來，共出版了四千餘種書。值此大災難可能發生的當下，我們非常必要一起認真地細讀資深報人張作錦所執筆的《今文觀止》。

這本大著為中文世界的讀者，打開了一扇自大又自卑的大門，樹立了一個全球化下不進則退的標竿。作者無懼地送給了讀者一世紀的慘痛教訓，以及今朝向上奮進的重大選擇：兩岸不再起干戈。

——二〇二二年十一月 台北

序

歷史的靈魂與容顏

《今文觀止》彌補了當前歷史教科書的不足

◎洪蘭

人物是歷史的靈魂，是他們創造了歷史。但是學校教的近代史不但內容少，裡面的人物更少，除了名字，沒有介紹他們的生平，還有更多應該知道的名字連提都沒提。講起來，我們的近代史有讀跟沒讀，沒什麼差別，很是可惜。

清代思想家龔自珍說：要滅人之國必先去其史。沒有了史，就沒有了民族認同，不知道自己是誰時，自然不會為這個國家而戰了。所以所有的國家都非常重視自己的歷史，獨有我們台灣，歷史被視為冷門科目，課本也被刪到薄得不能再薄。我們雖然知道要為自己是中國人而自豪，卻不知道要自豪些什麼，因為歷史課本講的多是朝代的更替，沒有一個活生生、有血有肉的人來做我們的典範。對一個成長在二十世紀的青少年來說，我們知道成者為王，敗者為寇，但為什麼他成了王而別人淪為寇？他跟別人的差別在哪裡？也就是說，我們讀歷史是要能向歷史借鏡，但我們讀到的多半是死的典章制度，或許這是台灣的歷史課引不起學生興趣的原因。

其實不僅是歷史課本不願多談事情發生的原因，就連經歷過抗戰的父母也多半不願談那個時期的事情。但是愈不說明白，我們就愈好奇，尤其是那些大陸淪陷時，來不及逃到台灣的人，他們的名字都被冠上個「匪」，成了大人嘴裡的「噤聲」。我不明白，為什麼不讓我們知道這些創造我們歷史的人物，讓我們自己來判斷他們是不是匪？比如說，我們的歷史課本有講到二次大戰時英國的敦克爾克大撤退，但是我們卻不知道自己國家也有這樣壯烈的「宜昌大撤退」。這些人的貢獻那麼大，歷史怎麼可以忘記他們？

主持宜昌大撤退的盧作孚先生是個不折不扣的愛國英雄，他跟鄭國的弦高一樣，但是弦高只是犧牲了十二頭牛，他卻賠上了整個身家性命。

抗戰初期，他以個人的輪船公司擔起了「宜昌大撤退」的重任，在四十天內，把兩百七十萬軍人、三十萬噸武器彈藥和十萬噸生產機器全部搶運到重慶。如果沒有他，不要說別的，就這三十萬噸的武器和彈藥落入日本人手裡，我們的抗戰還要怎麼打？

若沒有這本《今文觀止》，把清末民初這些重要人物彙集在一起，傳述下他們高貴的人格與情操，我們哪裡會知道他們的貢獻與犧牲，更不要說被後人所景仰了。張作錦先生為了「不容青史盡成灰」，廢寢忘食的收集散失已久的資料，並親去探訪這些名人的故居和紀念館，經歷多年辛苦才寫成這本書。在抄襲氾濫的現在，這種做學問的態度值得我們敬佩與效法。

這本書所記載的都是我們應該知道卻不知道，或是只知道一些皮毛的人物。講起來真是太汗顏了。我們當年沒有知識來源，頂多是從《傳記文學》中，知道一點民國初年的名人逸事。但那時因為牽涉到的人物都還活著，為怕惹禍上身，作者在下筆時，寫得很隱諱，好似白居易的「猶抱琵琶半遮面」，許多細節得自己去推敲或想像。這也是為什麼五十年代，李敖的文章會在學生間那麼爆紅。他的文筆犀利，許多所謂「大逆不道」的觀點是我們以前想都不敢去想的，加上他是讀歷史的，閱讀過一些敏感的史料和禁書，因此雖然學校不准我們看他的《傳統下的獨白》，但同學們仍然私下瘋狂的傳閱他的文章。

愚民或矇蔽政策是危險的，父母避談、學校不教，反而使我們對中國近代史更好奇。在這方面知識一片空白的我們，一到美國，第一件事便是去大學的東亞圖書館把那些禁書統統抱回宿舍看。我記得當時看到一排排手被綁在背後，跪在地上的山西老百姓被日本兵拿大刀砍頭的圖片，真是非常的憤慨，只恨自己國家不強，讓人民受到日本人的這樣殘殺與荼毒。也終於了解為什麼抗日戰爭一結束，我父親排除萬難，千里迢迢趕回家鄉去祭祖，原來這就是「王師北定中原日，家祭勿忘告乃翁」，他要告訴祖父：您沒有白死，我們中國勝利了呀！

其實一九七〇年代釣魚台運動在美國會鬧得那麼大，遊行人數會這麼多（甚至有外州學生開幾天幾夜的車趕來華府參加遊行），就是因為沒有人跟我們解釋為什麼我們政府沒有像歐洲國家一樣向戰敗國要求賠償，而是以德報怨，寬恕了日本人（這是不對的，孔子不是說「以直報怨」嗎？以德報怨，何以報德？），血債沒有血還，沒有為千千萬萬被日本人殺死的同胞復仇，我們心中不甘願，所以強烈反對政府對釣魚台態度的軟弱，釣魚台成為一個受日本氣多年的中國留學生的出氣口，大家上街去喊「頭可斷，血可流，中國領土不可失」，很多優秀留學生後來因政府不敢對日本強硬而失望左傾，以致後來不能回台灣。假如當時的教育可以把歷史攤在陽光下，讓我們這些戰後出生的學生了解大陸是怎麼丟的、國家是怎麼偏安的，或許我們當時的態度不會這麼偏激。

國家諱言這段歷史，使我們對在那個時代的人物陌生，不知道他們是這麼的值得我們尊敬和效法，真是太罪過了。

從書中看到那個時代值得我們敬佩的人太多了，比如說，主持商務印書館的張元濟先生就是一位。

思想是改變一個人最有效的方法（所以台灣的課綱才會一直在改），教育是立國的根本，書本是教育的工具，一本好的教科書可以啟發無數學子的思想，尤其在書本紙張缺乏的民國初年，很多人更是只有一本教科書可讀。商務印書館的張元濟先生有鑑於此，請了第一流的學者，編印了國中小的教科書，替中國教育的現代化打下了基礎。我小時候，家中有套商務印書館的國文、中國歷史、中外地理，以及格致、修身等教科書，那是我外公在雲南辦學時帶回來的，書中詞句典雅，意義深遠，尤其所含的民族正氣是現在任何一本教科書中都看不到的。其實只要看一個印書館能走出十位大學校長就知道它的份量，目前全世界還沒有哪一家出版社抵得上。張元濟先生對中國教育的貢獻怎麼可以被遺忘？

在這本書中，幾乎每一個都是看了令人感動落淚的人物。我心中的第一名便是譚嗣同。我曾在「大腦與品格」的課堂上，舉譚嗣同為例，談什麼叫高尚的品格：戊戌變法失敗後，他有機會逃走，但是他沒有，他說「不有行者，無以圖未來，不有死者，無以召後起」，不去做，當然沒有未來，但一犯事，自己馬上逃去日本偷生，讓別人去砍頭送命，怎麼還會有人願意再接再厲的去革命？既然是革命，就要有流血犧牲的準備。他的絕命詩「我自橫刀向天笑，去留肝膽兩昆侖」令人動容。從來都是慷慨殺身易，從容就義難，譚嗣同就義時才三十四歲，他被慈禧下令，用鈍刀砍了三十二刀才斃命，卻不曾哼一聲。真正是一位頂天立地，了不起的中華男兒！

那天我自己是講解得熱淚盈眶，學生卻無動於衷，因為他們根本不知道譚嗣同是誰，印證了James Michener（一九四八年普立茲獎得主）說的，「一個國家的未來取決於那個國家的孩子在少年時所讀的書，這些書會內化成他對國家民族的認同、生命的目的、人生的意義和他對未來的理想」。我們的孩子在人格成長的關鍵期，缺少了可以效法的典範，一個人沒有了典範，就不知道自己要成為什麼樣的人，就不會朝著這個方向去前進，最後就成了唯唯諾諾的庸人。這個後遺症在今日政壇上可以明顯看到。

我以前常用作文寫不出來為藉口，希望母親給我錢去買閒書，母親總是以「你把《古文觀止》讀好，就什麼文章都寫得出來了」來打發我。現在張作錦先生的《今文觀止》出版了，我也想跟學生說：「你們把這本書讀好，就知道你是怎麼來的，更知道你要往哪裡去，你身上流的中國血會讓你挺得起腰桿子，抬得起頭來，因為你知道你是這些可歌可泣英雄的子孫！」

自序

◎張作錦

國家要文明，也要強盛

能從「故紙」中找出「今朝」的答案嗎？

《今文觀止》開篇之初，我曾闡明「為什麼要寫《今文觀止》」，我強調說，「尤希望年輕讀者能從中了解一些故實，知道社會是如何變遷演進的。」這是我寫這個專欄最大的期許。

百年來中國「社會變遷演進」的顯著跡象，是國家沒有力量，處處受制於外國，故《今文觀止》的第一篇文章，選了胡適〈國家是我們的青山〉。他感嘆「若是國家沒有了，我們到哪裡去呢？」

民國以來，最能顯示「弱國無外交」者，莫過於第二次世界大戰時，英美在雅爾達密約中出賣中國，國府被迫到莫斯科談判簽訂《中蘇友好同盟條約》讓外蒙古獨立，蔣經國略述我方的為難之處，即被史大林面斥「說廢話」。在國際外交場合，少見這種粗魯。

但比這更粗魯的粗魯，中國受得多了：販賣毒品的英國，堂而皇之的打了「鴉片戰爭」；「英法聯軍」和「八國聯軍」火燒了圓明園，而且搶走了很多中國的國寶；「馬關條約」除了割地賠款，還讓李鴻章挨了一槍。凡此種種，都是因為國家力量不足的緣故。

所以，「觀止」介紹了眾多「最早睜開眼睛看世界」的先哲先賢，他們努力呼號、前仆後繼要強盛中國，有人把「賽先生」引到中國門口，有人以一己之力譯出一代思潮，有人提倡「師夷之長技以制夷」的維新之路，有人送幼童出國念書，希望能從「育苗」開始救國。在此之後，戊戌變法失敗，六君子死難，目睹清廷已經無救，志士仁人乃起而革命矣！

救國或可靠武力，但建國必須靠文事，「觀止」介紹了眾多大師級人物。他們不僅是載負著中華文化奮力前進，實際上他們就是中華文化的化身。先生之風，山高水長。

「觀止」只寫了一位商人——盧作孚。非常使人意外的，很多讀者，包括政界和學界人士，都不知道這個名字，更不知道「民生輪船公司」和「宜昌大撤退」。讓這位愛國英雄的偉大事蹟不致被時間湮沒，也許是「觀止」為近代中國歷史奉獻的一點微薄力量。

「觀止」本來只打算寫中國人，但實在不忍放棄在華五十年的英國人赫德，他不僅為中國建立了現代化的海關系統，而且在一百二十年以前就撰文立此存照，預言中國要大崛起，「將從外國人那裡收回外國人從中國拿去的一切」。我們現在或可驗證，這個老中國通的預言說中了多少？另一外國人是美國記者斯諾，他與中國的關係，對中國的影響，更是非同一般。

筆者個人埋頭故紙堆中，每月編整出一篇人物故事來，自己雖然有些願景，但究竟有多少讀者？他們的評斷如何？所幸我得到一些正面的鼓勵。

一位年輕的醫生說：「不管身為台大人、台灣人、中國人、炎黃子孫，這些都是我應該認識的人事物。謝謝有人勾勒出這麼多可敬的當代典範及近代文史哲人」。

一位作家告訴我，「在台灣讀書時我不知老舍。咬文嚼字的新詩或散文蔚為風尚。後來到美國念書，竟然是美國教授葛浩文（Howard Goldblatt）拿《駱駝祥子》作教材。」舉一反三，可知當年留在大陸許多著名文史作家，對台灣一般讀者是非常陌生的。現在介紹一些給他們，或猶未為晚。

台灣執政當局的「去中國化」令人費解。美國脫離英國獨立，無礙於承認其先人來自英倫三島，仍然熱中讀莎士比亞。能否「獨立建國」，是看你的頭腦和勇氣，其他「理由」

都無關宏旨。

其實大陸也曾做過「去中國化」的事，那就是「文化大革命」。「觀止」的某些文章對「文革」著墨不少，有朋友提醒我說，大陸的發展進步目不暇給，「文革」早成過去的黃曆，不必給太多的注意。這話誠然，今天海內外的中國人，對大陸這些年在各方面的成就，多給予肯定。但是，「文革」畢竟是「去古未遠」的歷史，大陸當局應提高警覺，不管治理的手段有多少強度，都絕不能讓「文革」這類事再起火苗。

現在有網路，找資料比較方便。網路上的文章、評論、故事，材料雖然豐富，但很多都沒有註明出處或作者的姓名，引述時頗覺為難和遺憾。不是筆者不重視他人的著作權，也不是不夠努力找尋最初的來源，但往往事倍功半，這一點是必須鄭重說明的。

「觀止」從民國一〇九年十月十五日在「聯副」刊出第一篇，雖然每月一篇，但字數頗多，幾乎要佔一個整版。聯副主編鄭瑜雯女士對這些「故紙」不以「斷爛朝報」視之，反而給如此的待遇，這需要對歷史有充分的認識與尊重。

遠見・天下文化事業群負責人高希均教授和發行人王力行女士是我的老朋友，他們聽說專欄結束了，立即邀約由天下文化出版單行本。老友盛情，銘感在心。

我本來商請高希均教授為這本書寫一篇序，結果他用「出版者的話」，更能「暢所欲言」。他文章的標題「上世紀關鍵人物的言行，啟發這一代人的奮進」，一語道出作者的本意。他還說，「在社會只顧當前的小確幸心態下，要為大家認真地補一堂百年來『中國社會變遷』的歷史文化的通識課」。這樣的獎掖和鼓勵我擔待不起，但確是「雖不能至，心嚮往之」。

讀洪蘭教授的序文，使人憂慮，讓人沉思。她說，「所有的國家都非常重視自己的歷史，獨有我們的台灣，歷史被視為冷門科目，課本也被刪到薄得不能再薄⋯⋯。講的多是朝代的更替，沒有一個活生生、有血有肉的人，來做我們的典範⋯⋯。」她提到一九四八年普立茲獎得主詹姆斯．米奇納（James Michener）的話：「一個國家的未來取決於那個國家的孩子在少年時所讀的書。」想到我們學校的歷史課綱，洪教授所關注的，豈只在《今文觀止》這本小書而已。

陳義芝教授往昔與我在《聯合報》同事多年，他在文章中給我一些鼓勵性美言，或不使我意外，但他的跋絕非人情應酬之作，他說我「藉前人生命價值的實踐以對應今日社會，向歷史的提問再次提問，期勉今人不要對文化失去溫情，不要對歷史失去敬意。」的確說得透徹。

在闡述了書中所寫的人物之後，義芝問：「獨立蒼茫，這些聲音會是空谷足音嗎？」這個問題，只有讀者能夠回答。

至於本書的編印，天下文化總編輯吳佩穎先生負了總責。我們合作很多年了，他的專業精神和卓越見解，令每個把書交給他的作者都感到放心。責任編輯郭昕詠小姐，熱忱而認真，為這本書做了很多事，非常感激。

《聯合報》的兩位老同事，沈珮君女士是這本書的主編。她的「雲起時」和「他鄉‧故鄉」專欄享譽海內外，她來主編，為這本「古董書」注入了新的生命力。賀玉鳳女士是「後勤總管」。我上一本書《姑念該生》也麻煩了她們，十分感念。

第一部

國無力量，人民何依？

史大林面斥蔣經國「說廢話」

從國家力量問題想到外蒙獨立、控蘇案和蔣廷黻等這些人

羅斯福可簽字出賣中國領土和主權的利益，今日凡視美國為可靠友人者，能不慎前車之鑑乎？

蔣經國總統深受人民愛戴。（聯合報系資料照片）

曾任蘇共總書記的史大林。（Shutterstock提供）

蔣經國

蔣經國（一九一〇—一九八八），出生於浙江奉化，蔣介石之子，一九二五年到俄國留學，入莫斯科中山大學就讀，後到基層工礦區做工，娶俄國女子為妻，取中文名字蔣方良。一九三七年蔣經國回到中國，蔣介石安排他到基層歷練，一九四九年政府遷台後，蔣經國即參與政府重要工作，歷任國防部長、行政院長，後當選總統，推動台灣「十大建設」，使台灣的經濟發展居「亞洲四小龍」之首。在他身後的民調中，他仍最受台灣民眾的愛戴。

美國和中國大陸兩強相爭，台灣處在夾縫中，左支右絀，很多人感嘆國家沒有力量，只能俯仰由人。甚至在新冠疫情肆虐下，還被譏為「疫苗乞丐」。

在歷次民調中，台灣居民一直推崇故總統蔣經國。但是可能很少人知道，蔣經國曾被蘇聯領導人史大林當面斥責，指他「說廢話」。因為「國家沒有力量」，那樣的羞辱，蔣經國也只能隱忍。

第二次世界大戰末期，英美為求蘇聯對日參戰，在雅爾達密約中出賣中國外蒙古與東北的利益予蘇聯。美國總統羅斯福向史大林保證，中國一定會同意，因為他知道中國無力反抗。

我國政府被迫與蘇聯在莫斯科商訂《中蘇友好同盟條約》。談判進行了兩次，首次為一九四五年六月三十日至七月十三日，由行政院長兼外交部長宋子文負責；第二次為七月三十日至八月十四日，由行政院長宋子文偕外交部長王世杰同往，蔣經國是代表團團員之一。

宋子文辭兼外長的原因，《王世杰日記手稿本》有清楚記載。七月二十五日蔣委員長與他談話：

「蔣先生說：『子文因中蘇談判涉及承認外蒙戰後獨立之事，頗畏負責。其所以先行返渝，亦正爲此。』由此可見，子文之意，在覓人與之共同負擔此次對蘇談判結論之責任。」

宋希望王繼任外長，蔣亦屬意王。王世杰先是不願，後不得已願在宋完成中蘇談判後接任，後又讓步願即接任而不同去莫斯科，均未獲同意。王七月三十日接外長，仍作「最後掙扎」。八月一日日記寫道：

「今晨予與子文談赴莫斯科事，彼謂將來中蘇約文應由予簽字。予謂可否由彼我共同簽字，彼謂不可。但云，如蘇方由史大林簽字，則彼可簽字。蘇方自將由其外長莫洛托夫簽字。」

依據國際慣例，事後也證明，是由莫洛托夫簽字。

王世杰並不是想不到簽約的後果，在赴莫斯科途中，八月一日的日記說：

「予一生來從未感覺責任之重大有如此者。此行結果無論如何，在國人輿論及歷史家評斷，總不免有若干非議。」

宋、王均居高位，宋之臨陣退卻，王之躊躇不前，雖或不無可議，但亦足見當時人對歷史之敬畏，與今之某些官員「身後是非誰管得」的「勇氣」，大不同矣！

蔣經國後來在《我的父親》這本書裡，對談判過程有詳細描述：

「史大林拿一張紙向宋院長面前一擲，態度傲慢，舉動下流；隨著說：『你看過這個東西沒有？』宋院長一看，知道是雅爾達協定，回答說：『我只知道大概的內容。』史大林又強調說：『你談問題，是可以的，但只能拿這個東西做根據；這是羅斯福簽過字的。』」

羅斯福可簽字出賣中國領土和主權的利益，今日凡視美國為可靠友人者，能不慎前車之鑑乎？

中蘇條約談判陷入僵局，蔣委員長電令蔣經國以私人身分見史大林。蔣經國在俄長大，諳俄語，通俄情，且為中國領導人之子，原盼史大林或可通融。

史大林問蔣經國：

「你們對外蒙古爲什麼堅持不讓它獨立？」

史大林

史大林（一八七八—一九五三），喬治亞族，馬克斯列寧主義者，國際共產主義革命家，蘇聯黨和國家領導人，從二十世紀二十年代執政將近三十年，他推行的計劃經濟和集體主義，使蘇聯從農業社會轉型為重工業和軍事大國，與歐美的西方世界形成軍備競賽，對世界影響深遠。史大林領導的蘇聯多方侵略中國。蔣介石曾撰《蘇俄在中國》詳述其事。中華民國政府並曾在聯合國提出「控蘇案」獲得通過。

蔣經國說：

「您應當諒解，我們中國七年抗戰，就是爲了要把失土收復回來，今天日本還沒趕走，東北、台灣還沒收回，一切失地都在敵人手中，反而把這樣大的一塊地割讓出去，豈不失卻了抗戰的本意？我們的國民一定不會原諒我們，說我們『出賣國土』，會起來反對政府，那我們就無法支持抗戰。所以，我們不能同意外蒙古併給俄國。」

史大林說：

「你這段話很有道理，我不是不知道。不過，你要曉得，今天並不是我要你來幫忙，而是你要我來幫忙；倘使你們國家有力量，自己可以打日本，我自然不會提出要求。今天，你們沒有這個力量，還要講這些話，就等於廢話！」

中國既然「沒有這個力量」，再說「廢話」也沒有用，只好在「友好」條約上簽字。

國共兩黨在大陸此消彼長，終致政權易手，原因固不止一端，但一九四六年蘇聯從中國撤退時，支持和援助中共掌握了東北人力和物力的資源，因而打敗國民政府，應為重要原因。中共建國，更不掩飾的「一面倒」向蘇聯。

中華民國遷台，蘇聯在聯合國仍圖趕盡殺絕，一方面要以中共取代國府的席次，再方面又擬牽外蒙古入會。台北當局衡量情勢，決主動出擊，打算在聯合國控訴蘇聯違反中蘇友好條約。

以當時的國際情勢、國家處境，提出這樣重大的外交政策，自然需要謹慎。一九四八年秋天，聯合國第三屆大會在巴黎召開，我駐聯合國代表蔣廷黻即乘機和美國國務卿馬歇爾密商此事，馬歇爾除表示要徵求國務院專家意見之外，也懷疑中華民國能提出充分證據，若引來蘇聯的報復，美國恐得不償失。蔣廷黻也與其他友好國家的代表洽商，幾乎沒有人對此事有信心。

於是大批的外交檔案，從台北送到紐約，經過蔣廷黻仔細研究，覺得中華民國有充分的證據及足夠的理由向聯合國控告蘇聯違約。他在卷帙浩繁的檔案裡整理出十個專案，認為是鐵證如山。

1. 蘇俄軍隊進了東北以後，拆遷工廠運回蘇聯，破壞工礦設備，違反了締約國戰後應彼

一九五六年三月九日，我國駐聯合國常任代表蔣廷黻（左一）回台，在機場舉行記者會，強調我國在聯合國地位不會動搖。（聯合報系資料照片）

此給予一切可能經濟援助的約定。

2. 蘇俄曾阻止中華民國經由大連進兵東北。

3. 蘇俄曾在營口給予共軍首先占領的便利。

4. 俄軍把持東北鐵路，妨礙國軍運輸軍隊及物資。

5. 俄軍把持東北的飛機場，妨礙國軍空運。

6. 俄軍把日本軍隊投降以後所交出的器械轉給中共。

7. 俄軍阻礙中華民國政府在東北就地編組保安隊，反而協助中共收編偽軍，壯大了共軍。

8. 俄軍曾派技術人員及日韓軍人直接上前線幫助共軍作戰。

9. 俄軍撤退時不事前通知中華民國政府退出的確切期限與程序，以致國軍無法接防，而共軍則常因先得俄軍退出的消息，能先進占沿鐵路線的要點。

10. 北京中共政府一成立，蘇俄即予承認。

蔣廷黻舉證之後，還說：

「中蘇條約，名爲友好同盟，實際是蘇俄侵略中國的工具，因爲蘇俄違約的行爲都是侵略行動。以友好之名，行侵略之實，這是從帝俄到蘇聯一貫的外交手段。」

在控蘇案主文中，除了指出蘇俄在東北的罪行外，還指出蘇俄在外蒙古、新疆、唐努烏梁海等地的侵略行為。此外並附列表舉出蘇軍在瀋陽、長春、哈爾濱等地搶劫、殺人、放火、姦淫的案件共計四百五十五件。這些罪行都有實證。

政府準備在一九四九年九月召開的第四屆聯合國大會提出控蘇案，蔣廷黻事前曾與一些友邦國家代表作非正式協商，沒有一個國家答應支持我們。

控蘇案提出，蘇聯代表維辛斯基說這個提案是由美國指使的。其實美國代表傑賽普代表國務院是反對中國提案的。他與蔣廷黻是舊識，過去同在哥倫比亞大學研究所讀書，事前曾私下力勸蔣廷黻打消此案，並警告如果中國堅持提出，則美國在聯合國辯論時將會唱反調。蔣廷黻答說，蘇聯代表維辛斯基一再引用白皮書來攻擊中國政府，如果美國願意與蘇聯站在同一陣線，那也只能「悉聽尊便」。

由美國的態度，可見蔣代表孤軍奮戰之一斑。

中華民國政府於艱難險阻中，在一九四九年九月二十二日向聯合國提出控蘇案，蔣廷黻向大會申訴理由，講了兩小時四十五分鐘，是中華民國代表在聯合國大會發言最長的一次。一九五二年二月一日聯合國通過五〇五號決議，標題是「蘇聯違反一九四五年八月十四日中蘇友好同盟條約及聯合國憲章以致威脅中華民國政治獨立與領土完整及遠東和平案」。全文是：

大會認爲聯合國首要目標之一，在「創造適當環境，俾克維持正義，尊重由條約與國際法其他淵源而起之義務」。

查中華民國與蘇維埃社會主義共和國聯邦曾於一九四五年八月十四日締結友好同盟條約，內除其他事項外，並規定：

（a）締約國「同意在依照彼此尊重主權及領土完整與不干涉對方內政之原則下，共同密切友好合作」。

（b）「蘇聯政府同意予中國以道義上與軍需品及其他物資之援助，此項援助當完全供給中國中央政府即國民政府」。

查悉蘇維埃社會主義共和國聯邦自日本投降後對中國國民政府在東三省（滿洲）恢復中

國主權之努力，始終橫加阻撓，並以軍事及經濟上之援助給與中國共產黨以反叛中國國民政府。

爰斷定：蘇維埃社會主義共和國聯邦就其自日本投降後對中國之關係而言，實未履行一九四五年八月十四日中國與蘇維埃社會主義共和國聯邦所簽訂之友好同盟條約。

一九五二年二月一日，第三六九次全體會議。

本案之通過，對我國有兩項重要意義：

一、阻止中共進入聯合國，維護並延續我國席位二十餘年。

二、立法院隨後廢止《中蘇友好條約》，不再承認外蒙古獨立，在法理上使國家領土重歸完整。

蔣廷黻是位歷史學家，清華大學著名史學教授，且曾任駐蘇大使多年，他談蘇俄問題，比俄國駐聯合國代表馬立克和維辛斯基等人還要嫻熟。這還是餘事，更重要的是他的機智與涵養。

有一次他的對手咆哮會場，對中華民國以惡言粗語相向。辱罵蔣廷黻是「僵屍」，是「垃圾堆裡的蛆蟲」，但蔣氏不急不忙的回應，根據聯合國會議紀錄，他是這樣說的：

「我很容易用蘇聯代表罵我同樣的聲調和字眼來反罵他。但我要避免這樣做法，因爲這是不合中國關於尊嚴、說話分寸和禮貌的概念的。倘若我用同樣的語言來反罵，我的國人就會驚奇，怎麼於參加聯合國工作八年之後，我竟變成了一個野蠻人了？」

這段軼事很動人。但是看看今天的台灣，蔣廷黻的同胞都是文明人，不野蠻了嗎？數數政府官員、國會議員、學術界、新聞界以及社會各方所謂菁英人士，有多少品格低下、行為鄙俗、言詞粗魯者？風俗之厚薄，能繫於這些人身教言教的垂範嗎？

至於中國大陸與蘇聯的關係，也是分分合合，大陸先是一面倒向蘇聯，然後鬧翻，俄國專家全面撤走，中共自力更生，造出了核子彈，經過「改革開放」，又弄出個強國來。二〇〇二年兩國簽訂《中俄睦鄰友好互助條約》，今年二十年期滿，美國總統拜登和蘇俄總統普丁六月十五日在日內瓦北大西洋公約組織會議中見面，拜登一反常態，稱讚普丁「睿智、堅強」，是「值得尊敬的對手」，其「聯俄制中」之意溢於言表。但六月二十八日習近平「應約」與普丁視訊通話，把《中俄睦鄰友好互助條約》再延期五年，其反制意味亦不言自明。這就是國家的力量。正如老牌帝國主義者英國人所說的，英國沒有永遠的敵人，也沒有永遠的朋友，只有永遠的利益。但沒有力量，哪來的利益？

我們不免要問：在台灣的中華民國，力量在哪裡？

原載二〇二一年七月十五日《聯合報．副刊》

胡適：國家是我們的青山

若是國家沒有了，我們到哪裡去呢？

不管是憂是愛，心裡都有國家。心中有國家才會愛國，才會救國。如果心中沒有國家，則憂是妄言，愛是謊言。

梁啓超。　　　　　（Alamy／達志影像授權提供）

胡適。　　　　（Alamy／達志影像授權提供）

胡適

胡適（一八九一—一九六二）安徽省績溪縣人，留學美國時，即撰《文學改良芻議》在《新青年》發表，與陳獨秀共同發起「新文學運動」，對中國文化和政治運動都影響深遠。他取得哥倫比亞大學博士學位後返國在北大任教，後任校長。抗日戰爭時應政府之請任駐美大使，爭取美國援助。一九四九年中央政府遷台，他受聘任中央研究院院長。他一生提倡「科學與民主」，著述甚多，其「知名度」和受景仰的程度，在近代中國知識分子中，少有能比擬者。

美、中兩強競爭激烈，台灣「選邊表態」，已十分明顯。憂心國家前途的人不免惴惴不安，深恐二虎相鬥，傷了台灣。

雖然有人認為，當政者及平民大眾，都應想到愛國家，不能魯莽滅裂，憑一時意氣，斷送了二千三百萬人的生存機會。但這話，誰能說呢？又誰願說呢？

在以前，你愛國家，會受人尊敬。稍後因各種原因，大家不多談愛國了，但愛國還算不得不體面的事。但現在不行了，你說愛國，不僅頑固，還可能惹人譏笑。再說，愛哪個國？連名字都說不清楚。所以，大家就不談愛國了，省得麻煩。

其實，人都要有一個國家，做為安身立命之所，生命財產就業言論等等自由才得以寄託。

一九五四年二月十八日胡適（左四）博士返國，朝野人士群集松山機場歡迎。
（聯合報系資料照片）

所以胡適博士說：國家是我們的青山。青山不在，我們吃飯說話都不容易。

民國三十八年，大陸政局危疑震撼，美國已準備放棄中華民國政府，蔣介石乃敦請戰時作過駐美大使的胡適，再赴美國，從事「國民外交」，希望以胡適的知名度，能爭取美國朝野的支持。

胡適乘坐的輪船抵達舊金山，還未進港，海關人員就帶來一批新聞記者，挾著報紙前來訪問，並要求談話。面對蜂擁而至的新聞界，胡適一時不知說什麼好，「我已經有十多天沒有看到報紙了」，連忙接過報紙，首先看到的消息是國共和談決裂，共軍已經渡江。在這種情形下，要與外國記者談話，是多麼困難。胡適表示：「不管局勢如何艱難，我始終是堅定的用道義支持蔣總統的。」隨後又說：「若是國家沒有了，我們到哪裡去呢？」

胡適到了華府，老朋友們也不理他了，處處碰壁，處處看人臉色，胡適看出美國人見風使舵，欲徹底拋棄國民政府的面目愈來愈明顯。「士可殺不可辱」，胡氏乃通知駐美大使館，取消自己與政界的一切約會，以表示對美國「拋棄」戰時老朋友的抗議。

胡適身在異國，心懷故土。

民國四十一年，胡適回台訪問，十二月七日在台北發表演講：〈國家是我們的青山〉。

在民國三十八年，我感到抬不起頭，說不出話。我曾對家人說：「不要以爲胡適之在吃自己的飯。」我們家鄉有句俗話：「留得青山在，不怕沒柴燒！」以我幾十年的經驗，我感到青山就是國家。國家倒楣的時候，等於青山不在，青山不在的時候，就是吃自己的飯，說自己的話，都不是容易的事情。

我在國外這幾年，正是國家倒楣的時候，我充滿了悲痛的心情，更體驗到青山眞是我們的國家。這次出去我很苦痛，由於許多老朋友的失敗心理，使我感到難於說話。所以在民國三十八年七月十六日，我通知中國駐美大使館，取消一切約會，不接見任何政府或國會的領袖。

胡適博士（右二）就任中央研究院第三任院長，他與院士李濟（右）歡迎蔣中正總統（左）、總統府祕書長張群（左二），並陪同參觀殷商至清代的史料特展。
（圖／聯合報系資料照片）

因爲大家成見太深，使我處處碰壁，也因爲局勢太大，不是私人間的談話所能轉移的。在這個時候，只有替國家保留一些尊嚴，替國家保留一些人格，所以我取消一切約會。就是自己作文章，說幾句話，也是人家請我作，請我說話，才作才說的。因此，三年以來，我只是給國家留了一些體面，其他毫無貢獻。即使局勢有些好轉，也是毛澤東發瘋自己造成逼上梁山的局面，我沒有功勞。

胡適謙稱自己沒有貢獻，但他沒有忘記國家，處處為國家保持尊嚴。心中有國，才能愛國。

與胡適同一時代的另一大知識分子梁啟超，寫過一篇文章〈憂國與愛國〉。他說：

有憂國者，有愛國者。愛國者語憂國者曰：汝曷爲好言國民之所短？曰：吾惟憂之之故。憂國者語愛國者曰：汝曷爲好言國民之所長？曰：吾惟愛之之故。憂國之言，使人作憤激之氣，愛國之言，使人厲進取之心，此其所長也；憂國之言，使人墮頹放之志，愛國之言，使人生保守之思，此其所短也。朱子曰：「教學者如扶醉人，扶得東來西又倒。」用之不得其當，雖善言亦足以誤天下。爲報館主筆者，于此中消息，不可不留意焉。

今天下之可憂者，莫中國若；天下之可愛者，亦莫中國若。吾愈益憂之，則愈益愛之；愈益愛之，則愈益憂之。既欲哭之，又欲歌之。吾哭矣，誰歟踴者？吾歌矣，誰歟和者？

日本青年有問任公者曰：支那人皆視歐人如蛇蠍，雖有識之士亦不免，雖公亦不免，何也？任公曰：視歐人如蛇蠍者，惟昔爲然耳。今則反是，視歐人如神明，崇之拜之，獻媚之，乞憐之，若是者，比比皆然，而號稱有識之士者益甚。

昔惟人人以爲蛇蠍，吾故不敢不言其可愛；今惟人人以爲神明，吾故不敢不言其可嫉。若語其實，則歐人非神明、非蛇蠍，亦神明、亦蛇蠍，即神明、即蛇蠍。雖然，此不過就客觀的言之耳。若自主觀的言之，則我中國苟能自立也，神明將奈何？蛇蠍又將奈何？苟不能自立也，非神明將奈何？非蛇蠍又將奈何？

不管梁啟超是憂是愛，他心裡都有國家。心中有國家才會愛國，才會救國。如果心中沒有國家，則憂是妄言，愛是謊言。

原載二〇二〇年十月十五日《聯合報・副刊》

孫中山若見了李鴻章就不革命了？

他〈上李傅相書〉首提人盡才，地盡利，物盡用，貨暢流，惜未受重視

其實，當時大清帝國百孔千瘡，沒法彌縫，即使李鴻章見了孫中山，革命似乎亦不能避免。不能破，則無以立。連康、梁的維新都不能推動，是否應「走向共和」，可思過半矣！

李鴻章。　(Alamy/達志影像授權提供)

孫中山。　(Alamy/達志影像授權提供)

孫中山

孫中山（一八六六—一九二五），名文，字逸仙，廣東香山人。領導革命推翻滿清，創建中華民國，被尊稱為「國父」。他首創的「三民主義」，是中華民國的建國張本，中國大陸則稱他為「偉大的革命先行者」。是在全世界華人中普受尊敬的人物。

孫中山倡導革命，推翻滿清，建立了中華民國，後人尊他為「國父」。某些研究歷史的人認為，如果孫中山〈上李鴻章書〉能被李看到，兩人見了面，李能採納孫的若干建議，也許清朝還有改革生存的機會。但歷史不能重寫，只可供後人戒鑑。

清朝末季，列強凌虐，國事蜩螗。很多知識分子寄希望於李鴻章，他當時是直隸總督兼北洋大臣，是大清帝國的宰相，可以利用自己在朝廷中的高位，推行若干新政。孫中山就是懷抱這種想法的人。

一八九四年初，孫中山離開澳門，結束行醫生涯，回到廣東老家，閉門寫了一篇八千零三十個字的〈上李傅相書〉，後世稱〈上李鴻章書〉，經好友陳少白的潤飾，他攜帶這份「上書」到上海，見了李的重要幕僚盛宣懷，希望由他引見李相國。對書中的觀點，盛宣懷頗為贊成和欣賞，就建議李鴻章接見孫中山。當李聽說孫只是一個二十八歲的青年，就笑說，一個年輕的醫生，能懂得什麼治國？盛希望李讀一讀孫的上書，當時中日甲午戰爭箭在弦上，李鴻章軍書旁午，就交代：「打完仗再說吧！」

孫中山很失望，去了北京，目睹清政府貪汙腐敗，軍備廢弛，認識到改革已不可能，於是走上了革命的道路。

那麼〈上李鴻章書〉究竟說了些什麼呢？孫中山首先介紹自己的經歷，說明自己有知識、有能力提出救國建言，以求得到李鴻章的重視和信任。

> 竊文籍隸粵東，世居香邑。曾於香港考授英國醫士。幼嘗遊學外洋，於泰西之語言、文字、政治、禮俗，與夫天算、輿地之學，格物化學之理，皆略有所窺；而尤留心於其富國強兵之道，化民成俗之規。至於時局變遷之故，睦鄰交際之宜，輒能洞其竅奧。當今民氣日開，四方畢集，正值國家勵精圖治之時，朝廷勤求政理之日，每欲以管見所知，指陳時事，上諸當道，以備芻蕘之採。

話說得不亢不卑，又有禮有節。不過孫先生話鋒一轉，告訴當國的李中堂說：

> 竊嘗深維歐洲富強之本，不盡在於船堅砲利，壘固兵強；而在於「人能盡其才，地能盡其利，物能盡其用，貨能暢其流」。此四事者，富強之大經，治國之大本也。我國家欲恢擴宏圖，勤求遠略，仿行西法，以籌自強，而不急於此四者，徒惟堅船利砲之是務，是舍

本而圖末也。

當時舉國上下所追求者，唯「船堅砲利」是尚，而孫中山認為那是捨本逐末，他提出國家富強的根本，在人盡其才，地盡其利，物盡其用，貨暢其流。這四句話，是他後來革命建國的中心思想和藍本。

他說，「所謂人能盡其才，在教養有道，鼓勵以方，任使得法也」。他在仔細說明這項主張後，結論說：

故教養有道，則天無枉生之才；鼓勵有方，則野無鬱抑之士；任使得法，則朝無倖進之徒；斯三者不失其序，則人能盡其才矣。人既盡其才，則百事俱舉；百事舉矣，則富強不足謀也。秉國鈞者，盍於此留意哉？

什麼叫「地能盡其利」呢？孫中山解釋，「在農政有官，農務有學，耕耨有器也。」中國雖是「以農立國」的千年古國，但清朝末季談救國之道，似無人論及農業。孫先生對「地能盡其利」的結論說：

故農政有官，則百姓勤；農務有學，則樹畜精；耕耨有器，則人力省；此三者，我國所當仿效以收其地利也。

在農政方面，孫先生更有一個驚世駭俗的建議，就是中國自種鴉片，以較低廉的價格，打敗英國自印度轉口進來的鴉片。來自英印的阿芙蓉退出，中國即可禁絕煙毒，除百年之大患。孫的建議，用心良苦。他是這樣說的：

文鄉居香山之東，負山瀕海，地多砂磧，土質磽劣，不宜於耕。故鄉之人，多遊賈於四方，通商之後，頗稱富饒。近年以美洲逐客，檀島禁工，各口茶商，又多虧折，鄉間景況，大遜曩時，覓食農民，尤爲不易。近以憤於英人禁煙之議難成，遂勸農人栽鴉片，舊歲於農隙試之，其漿果與印度公土無異，每畝可獲利數十金。現已群相仿效，户户欲栽，今冬農隙所種必廣。此無礙於農田而有補於漏巵，亦一時權宜之計也。他日盛行，必能盡奪印煙之利，蓋其氣味較公土爲尤佳，迥非川滇各土之可比。去冬所產數斤，凡嗜阿芙蓉之癖者爭相購吸，以此決其能奪印煙之利也必矣。印煙之利既奪，英人可不勉而自禁，英人既禁，我可不栽，此時而申禁吸之令，則百年大患可崇朝而滅矣。勸種罌粟，實禁鴉片之權輿也。

其次談到物盡其用，孫先生說，「所謂物能盡其用者，在窮理日精，機器日巧，不作無益以害有益也。」他詳細引申：

夫物也者，有天生之物，有地產之物，有人成之物。天生之物，如光、熱、電者，各國之所共有，在窮理之淺深，以爲取用之多少，地產者，如五金、百穀，各國所自有，在能善取而善用之也。人成之物，則係於機器之靈笨與人力之勤惰。故窮理日精，則物用呈；機器日巧，則成物多；不作無益，則物力節；是亦開源節流之一大端也。

至於貨暢其流，孫先生解釋，「所謂貨能暢其流者，在關卡之無阻難，保商之有善法，多輪船鐵道之載運也。」他跟著歸納：

故無關卡之阻難，則商賈願出於其市；有保商之善法，則殷富亦樂於貿遷；多輪船鐵路之載運，則貨物之盤費輕。如此，而貨有不暢其流者乎？貨流既暢，財源自足矣。籌富國者，當以商務收其效也。不然，徒以聚斂爲工，捐納爲計，吾未見其能富也。

孫先生認為，這四點若能做到，則可立國家以富強之基。他對這四點作了總結：

夫人能盡其才，則百事興；地能盡其利，則民食足；物能盡其用，則財力豊；貨能暢其流，則財源裕。故曰：此四者富強之大經，治國之大本也。四者既得，然後修我政理，宏我規模，治我軍實，保我藩邦，歐洲其能匹哉？

儘管孫先生侃侃而談，寫了八千多字的建國方案，其實他心中是懷有隱憂的。他感嘆中國改革自強固然行之者少，而知之者尤少。他說：

方今中國之不振，固患於能行之人少，而尤患於不知之人多。夫能行之人少，尚可借材異國，以代爲之行；不知之人多，則雖有人能代行，而不知之輩，必竭力以阻撓。此昔

一八九四年十一月，孫中山在檀香山創立興中會。這是成立興中會第一次會議的舊址。
（fotoe/達志影像授權提供）

日國家每舉一事，非格於成例，輒阻於群議，此中國之極大病原也。

孫中山最後仍然寄厚望於李鴻章，他在上書的結尾說道：

> 伏維我中堂佐治以來，無利不興，無弊不革，艱鉅險阻，在所不辭。如籌海軍、鐵路之難，尚毅然而成之；用敢不辭冒昧，侃侃而談，爲生民請命。伏祈採擇施行，天下幸甚。

孫中山當時乃一介書生，無拳無勇，但「位卑不敢忘憂國」，向李鴻章掬誠以道者，都是採擇新政，推行新法，說穿了，就是循改革之路以維持大清的國祚，沒有半點革命造反、推翻清廷的意思。

孫中山那次去上海，透過盛宣懷的引介，是否見到了李鴻章？或者，在那以後，兩人是否見過面？後世有不同的說法。

一九二八年出版的胡去非所著《孫中山先生》這本書中記載，「（孫中山）至北京時，冒險謁李鴻章，密陳北京政府之橫征腐敗，革命之不可緩，議論雄快。」兩人見了面。

一九五二年，由吳敬恆口述、楊成柏編著的《國父年系及行誼》中記述，「中日交戰前，先生由湖南出揚子江口，由海路入北京，深夜冒險晤李鴻章於私邸，陳說大計，勸李革命，李以年老辭。」也是說兩人見了面。吳敬恆為革命先賢，是孫中山同輩人，後人不盡信此書為吳的口述。

一九八三年六月，台灣《傳記文學》雜誌刊登了一篇桂崇基所著〈中山先生見李鴻章〉的文章，生動的描述了細節：

中山先生去天津，由徐秋畦向李鴻章爲之先容。屆期，徐秋畦陪中山先生往見。李鴻章見中山先生即問你叫什麼名字？中山先生答孫文，其時中山先生發音猶帶濃重廣東音，把「文」字念「門」音。李鴻章一聽，便說，你官話都不會講，怎能做官？未及二三語，即端茶，差官乃高呼送客。徐秋畦乃拉中山先生一同起身告辭。行至二門，中山先生便在庭中大罵李鴻章是官僚。徐秋畦見狀大爲恐慌，直冒冷汗。

桂崇基是國民黨元老級人物，曾任東吳大學校長，文中提到的徐秋畦，是盛宣懷的朋友。這回李、孫見了面，但「不歡而散」。李鴻章可能錯認孫中山是來求官的。

迨至晚近的二〇〇三年，在大陸著名電視劇《走向共和》裡，李、孫也見了面，時為一八九四年，七十一歲的李鴻章約見二十八歲的孫中山，兩人相對而坐，李認真聆聽孫的革命志向。

雖然上面提到的記述，多說見了面，但都是「一家之言」，沒有充分證據。而且衡情論理，當時權可傾國的李鴻章，經過多少大風大浪，洞明世理，又在國家危疑震撼而滿漢猜忌甚深的政治環境裡，他怎能以維護帝制的相國身分，和一個志在推翻帝制的「革命黨人」貿然見面？

其實，當時大清帝國百孔千瘡，沒法彌縫，即使李鴻章見了孫中山，革命似乎亦不能避免。不能破，則無以立。連康、梁的維新都不能推動，是否應「走向共和」，可思過半矣！

倒是近年的台灣，學校教科書已將中國劃入東亞，孫中山或將成為外國人了。

原載二〇二一年六月十七日《聯合報・副刊》

林則徐：終爲中國患者，其俄羅斯乎？

從沙俄、蘇俄到蘇聯，侵占中國領土相當一百一十八個台灣。在俄烏交戰聲中，兩岸中國人都應想到國家的力量和國家的前途。

關喬昌所繪林則徐畫像，原件藏於美國波士頓美術館。
(Alamy/達志影像授權提供)

林則徐

林則徐（一七八五—一八五〇）福建省侯官縣人，是清朝後期重要的政治家、思想家和文學家。當時英國輸入中國鴉片，為害國民健康至鉅，林則徐在湖廣總督任內，力主禁煙，朝廷派他為欽差大臣，到廣東禁煙，英人用兵，遂有「鴉片戰爭」之役，清廷被迫將林則徐充軍新疆。他在貶居之際仍不忘研究時事，得出俄羅斯將為中國大禍的結論。後來得到歷史的驗證。

近兩百年，三、四代中國人，都在「國恥教育」中長大，對大陸「中華民族偉大復興」的召喚，有時不免怦然心動，雖然很多人並不贊成、不歡喜共產黨的一黨專政。

「百年國恥」始於《南京條約》。一八四〇年林則徐奉旨到廣州查禁鴉片，英國用兵，史稱「鴉片戰爭」。清軍不敵「船堅砲利」，中國被迫於一八四二年八月二十九日簽訂《南京條約》，割讓香港予英國，賠償二千一百萬銀元，並向英方開放廣州、福州、廈門、寧波、上海五口通商。自此以後，西方列強，甚至東方的「蕞爾小國」日本，都插手中國分一杯羹，中國乃淪為「次殖民地」。李鴻章認為，「實為數千年未有之變局」。

抗敵英雄林則徐「獲罪」遣戍新疆。今天我們坐飛機去伊犁，朝發午至，林則徐則走了四個月才到。謫居之臣，壯懷未已，除了身體力行，為當地民眾解決耕作、灌溉等困難，還潛心研究國際形勢。這位老牌的英國問題專家，當有人問到如何應對英國的侵略時，他

卻出人意料的回答，不用太注意英國人，他們只是想利用鴉片和其他商品來中國賺些錢，

而俄夷則西北包我邊境，南可由滇入，陸路相通，防不勝防。

在俄羅斯這個問題上，他有一句最具前瞻性、最為後世傳誦的話：

終爲中國患者，其俄羅斯乎！吾老矣，君等當見之。

林則徐這番議論並非隨興而發，他早在廣東時，即注意俄國的動態，在所著《四洲志》中記載俄國沙皇彼得大帝至女沙皇凱薩琳二世的領土擴張：

攻取波蘭國十部落，又擊敗佛蘭西（即法蘭西）國王十三萬之眾，其興勃然，遂爲歐羅巴最雄大國。……開疆拓地，閱十二年（即一八三一年），即增兵至六十八萬六千，倍於其舊。然其強非因兵卒之眾，全因馬上之矯捷。復增兵前往庵雅臘河（即額爾古納河）以及麥加湖（即貝加爾湖），遠近之地，無不征服。由彼徑抵黑龍江，適遇滿洲兵至，與之交鋒，俄羅斯敗歸山後，故瀕江地仍屬滿洲，後即以此爲協（即中俄尼布楚條約）。俄羅斯至此固守邊疆，……幅員遼闊，不啻倍蓰。

當時俄侵中國尚屬起始階段，林則徐就認為俄國比英國危險。但大清帝國朝野仍沉浸於鴉片戰爭對英國的仇視中，林則徐斷言大患在俄的言論，注定是寂寞的。不僅一般民眾，連知識階層也不了解，甚至他的同志、拿他的《四洲志》增寫成《海國圖志》的魏源，對

俄國仍流連於康熙時代「雅克薩之戰」的餘暉中，認為「俄羅斯亦震我兵威，故兩百載無邊患」。不把林則徐的話看得有多重要。

但是，當林則徐於一八五〇年逝世，八年後的一八五八年，「君等當見之」的事，果然來了。俄國趁第二次鴉片戰爭之際，出兵中國東北，逼迫清政府簽訂《璦琿條約》，割奪了六十多萬平方公里的土地。

請別太過驚訝於六十多萬平方公里，從沙俄、蘇俄到蘇聯時期，通過一系列條約、軍事或者外交手段，從大清帝國、中華民國及中華人民共和國手中，總共拿走了約四百二十六萬平方公里的土地，台灣的面積是三萬六千平方公里，約等於一百一十八個台灣。

中國的地圖本來像一片海棠葉，從此變成一隻老母雞。雞，正印合了任人宰割的隱喻。

現在讓我們一筆一筆來算這本帳。下面是從沙俄、蘇俄到蘇聯時期，俄國侵占中國土地面積，均以平方公里計算：（見左表）

時間來到第二次世界大戰末期，英美為求蘇聯對日宣戰，在雅爾達密約中出賣中國的外蒙古與東北利益予蘇聯。一九四五年，中華民國派行政院長宋子文偕外交部長王世杰赴莫斯科談判，蔣經國是隨行團員。我方不希望讓外蒙古獨立，談判陷入僵局，蔣介石命蔣經國往見史大林解釋中國的立場，希望史大林同情通融。但史大林說：

從沙俄、蘇俄到蘇聯時期，俄國侵占中國土地面積

均以平方公里計算

黑龍江以北、外興安嶺以南的外東北	約60萬	1850年至1858年	《璦琿條約》	
烏蘇里江以東（包括庫頁島）的外東北	約40萬	1858年至1860年	《中俄北京條約》	
北起阿穆哈山脈，南達帕米爾，西自巴爾喀什湖、塔拉斯河，東迫伊犁、塔城的外西北地區	約44萬	1860年至1870年	《中俄北京條約》《中俄勘分西北界約記》	
霍爾果斯河以西和齋桑泊以東的外西北	約7萬	1870年至1884年	《伊犁條約》及五個子約	1879年崇厚與沙俄簽訂《里瓦吉亞條約》，因喪權辱國，清廷另派曾紀澤簽訂《伊犁條約》，中方收回伊犁和特克斯地區2萬多平方公里的領土。
薩雷闊勒嶺以西的帕米爾地區	約2萬	1884年至1895年	《續勘喀什噶爾界約》	
漢口俄租界和天津俄租界	漢口：0.0000276萬 天津：0.000365萬	1896年、1900年至1901年	《俄國漢口租界條款》《天津俄國租界條款》	
關東州（包括大連、旅順、金州及附屬島嶼）	0.32萬	1897年至1905年，1945年至1955年	《旅大租地條約》《續訂旅大租地條約》《中蘇友好同盟條約》	
日俄戰爭沙俄戰敗後，根據《朴次茅斯和約》，沙俄將關東州讓與日本。第二次世界大戰結束後，蘇聯重新接管關東州。直到1955年，將關東州的主權移交給中華人民共和國。				
中東鐵路附屬地	0.018萬	1896年至1952年	《中俄密約》《旅大租地條約》《東省鐵路公司合同》《東省鐵路公司章程》	
江東六十四屯	約0.28萬	1900年		
俄羅斯帝國占領下的東三省	126萬	1900年至1905年	《交收東三省條約》《朴次茅斯和約》《中日會議東三省事宜條約》	沙俄戰敗，於1905年9月5日與日本簽訂《朴次茅斯和約》，將東三省的大部分權益讓與日本。
額爾古納河右岸洲渚	約0.14萬	1911年	《滿洲里界約》	《滿洲里界約》是清朝官員與外國簽訂的最後一個有損領土主權的邊界條約。
唐努烏梁海	約17.1萬	1911年至1944年		自1911年起，沙俄在唐努烏梁海地區開始殖民活動。1921年8月，唐努烏梁海宣布獨立。1944年10月，圖瓦人民共和國宣布加入蘇聯。
撫遠三角洲（黑瞎子島、銀龍島）	0.035萬	1929年	《中華人民共和國和俄羅斯聯邦關於中俄國界東段的補充協定》	
蘇聯占領下的滿洲	126萬	1945年至1946年	《雅爾達協定》《中蘇友好同盟條約》	
中蘇邊界爭議地區	約3.5萬			中華人民共和國陸續與蘇聯簽訂邊界劃定條約和邊界勘定議定書，解決了邊界爭議。

（本表整理自維基百科，如有錯誤，由整理者負責）

一九七二年二月二十一日，美國總統尼克森（右）與毛澤東在北京會面握手。
（美聯社/達志影像授權提供）

倘使你們的國家有力量，自己可以打日本，我自然不會提出要求。今天，你們沒有這個力量，還要講這些話，就等於廢話！

史大林雖然態度醜惡，但是話說得實在，「倘使你們國家有力量」，而中國沒有力量，於是簽了《中蘇友好同盟條約》。這樣的「友好」與「同盟」，何其諷刺！

中華民國政府敗走台灣，「中華人民共和國」成立，起初「一面倒」向蘇聯，原因也是「倘使你們國家有力量」。兩國於一九五〇年簽訂《中蘇友好同盟互助條約》，這次加了「互助」。條約有效期三十年，一九八〇年屆滿，續簽《中俄睦鄰友好互助條約》，又加上「睦鄰」二字。「睦鄰」自然要守望相助，於是二〇一七年在波羅的海兩國首次聯合軍演，二〇一八年中國首次參加俄國代號「東方二〇一八軍演」的聯合演習。

俄國二〇二二年二月底出兵烏克蘭，兩國各有說詞，中國在聯合國有關會議和國際輿論中保持中立。美國百般挑撥，想拖中國下水，但北京迄今不為所動，因為中國現在「國家有力量」。

「國家有力量」，才能自立自強。

美國常把「自由民主是普世價值」掛在口頭，但中共當年僅是透過一名美國記者斯諾，給華盛頓一個好臉色，尼克森就急忙跑到北京，去握毛澤東的手，那手沾滿了文革的鮮血還沒有乾。至於中華民國，一向被美國稱為民主自由的模範生，以彰顯其「調教」之功，但是碰到美國國家利益之時，照樣棄之如敝屣，半點都不猶豫。「自由民主是普世價值」，說給別人聽的。

「國家要有力量」。中國人，無論是在台灣的，在大陸的，都不要忘記這句話。

原載二〇二二年三月十七日《聯合報．副刊》

第二部

睜開眼睛，瞭望世界

徐光啓，把「賽先生」引到中國門口

論「西學」和「洋務」比李鴻章和嚴復早三百年
順治入關讀了徐光啓的兵書嘆息崇禎未採用他言

徐光啓是中西科學的融合者與實踐者，是早期第一個睜開眼睛觀望世界的中國知識分子。至於賽先生曾否「過門不入」？或何時「長驅直入」？他都管不著了。

徐光啓（上圖，Alamy/達志影像授權提供）與利瑪竇合譯《幾何原本》（下圖，fotoe/達志影像授權提供），是中國現代文明的一顆火種。

徐光啟

徐光啓（一五六二—一六三三），南直隸松江府上海縣人，明朝末年儒學、西學、天學、數學、農學等領域學者，於崇禎朝官至禮部尚書兼文淵閣大學士。他與義大利傳教士利瑪竇合譯歐幾里得《幾何原本》，將新知識帶進中國，從此中國的科學發展進入一個新時代。後人有謂「徐光啓把『賽先生』引到中國門口」。

台北市有「光啟社」，全名是「光啟文教視聽節目服務社」，成立於一九五八年；桃園市有「光啟高級中學」，成立於一九七一年；都是天主教為紀念徐光啟而設立的。但現在有些人，可能還不知道徐光啟是誰了。

十五、六世紀，歐洲國家雄心勃勃的向外探險、擴張和殖民，與其他國家不可避免的發生撞擊。列國反應不一，認識清楚、動作及時而又有勇氣變革「祖宗成法」的國家，腳步可以慢慢跟得上；反之，落差就會愈遠。

中國是屬於「未跟得上」的國家，才有後來瓜分豆剖之危。但是少數知識分子仍是有警覺的，而且做了些自救圖強的奠基工作。譬如，徐光啟就是一個。

民國初年，「五四」新文化運動的青年，呼喚德先生（democracy民主）和賽先生（science科學）；但早在明朝末季的徐光啟，已將賽先生引到中國門口。論「西學」與「洋

徐光啓把「賽先生」帶到中國門口，兩岸政府都曾用他的畫像發行紀念郵票。
（右圖Shutterstock提供，左圖天下文化編輯部拍攝）

務」，出生於一五六二年的徐光啟，比林則徐和魏源早二百年，比馮桂芬、李鴻章、王韜、張之洞和嚴復早了將近三百年。

徐光啟祖居蘇州，以務農為業，後遷至上海。徐光啟的祖父因經商而致富，及至父親徐思誠家道中落，乃轉務農。一五六二年四月二十四日（嘉靖四十一年），徐光啟出生於太卿坊（今上海市黃浦區喬家路）。少年時代的徐光啟在龍華寺讀書。一五八一年（萬曆九年）應金山衛試中秀才後，在家鄉教書。一五九三年赴廣東韶州任教，並結識了耶穌會士郭居靜（Lazzaro Cattaneo）。一五九六年轉至廣西潯州任教。一五九七年徐光啟因考官焦竑賞識而以順天府解元中舉。次年會試他未能考中，便回到家鄉教書。萬曆二十八年（一六〇〇年），他赴南京拜見恩師焦竑，並首次與耶穌會士利瑪竇（Matteo Ricci）晤面。一六〇三年在南京由耶穌會士羅如望（Jean de Rocha）受洗入天主教會，聖名為保祿（Paulus）。一六〇四年徐光啟中進士，考選翰林院庶吉士。

徐光啟一生的事業，都與天主教有關。一六〇〇年他在南京初識利瑪竇，從利氏那兒聽到的、看到的，都是他以前聞所未聞、見所未見的。譬如在利瑪竇製作的《萬國全圖》上，地球是圓的，但中國人一向認為「天圓地方」。從此徐光啟的眼界擴大了，對振興國家的責任感也跟著加重了。

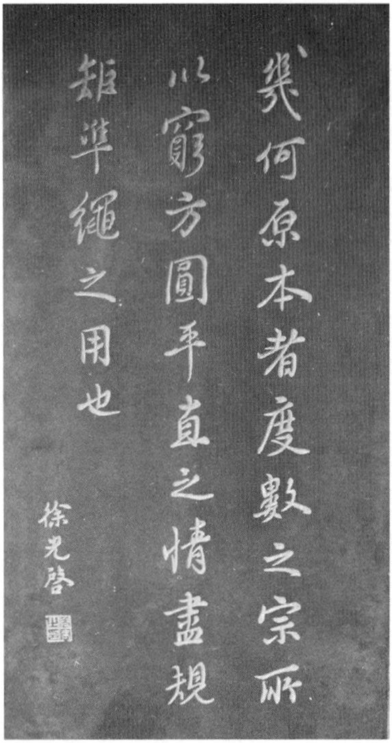

徐光啓闡釋幾何學的價值。
（Alamy/達志影像授權提供）

徐光啟對當時政治的腐敗和百姓的困窮，非常憂心。厭惡那種空洞無物的八股文，提倡「經世致用」的「實學」。當時一般人多排斥外國傳教士，但徐光啟認為他們帶來的科學與技術有益於中國。「苟利于國，遠近何論焉？」後來他受洗為天主教徒，未嘗沒有藉傳教士的中介，更方便接受科學新知的用心。

他與利瑪竇合譯歐幾里得的《幾何原本》，是中國歷史上石破天驚的事。徐光啟說：「《幾何原本》者度數之宗，所以窮方圓平直之情，盡規矩準繩之用也。」「能精此書者，無一事不可精。」「此書為用至廣，在此時尤所急需。」

總之，數學是一切科學的基礎。徐光啟的這本譯書，應視為啟蒙中國現代文明的一顆火種。隨後他又翻譯利瑪竇的《測量法義》，這是《幾何原本》在測量上的實踐。他也利用自己的天文學知識改革曆法，使百姓的生活、工作更能與自然條件契合。

他又在《〈幾何原本〉雜議》中進一步申論他的想法：

下學功夫，有理有事。此書為益，能令學理者祛其浮氣，練其精心；學事者資其定法，發其巧思，故舉世無一人不當學。……此書為用至廣，在此時尤所急需，余譯竟，隨偕同好者梓傳之。利（瑪竇）先生作敘，亦最喜其傳也。意皆欲公諸人人，令當世亟習焉。而習者蓋寡，竊意百年之後必人人習之，即又以為習之晚也。……昔人云：「鴛鴦繡出從君看，不把金針度與人」，吾輩言幾何之學，正與此異。因反其語曰：「金針度去從君用，未把鴛鴦繡與人」，若此書者，又非止金針度與而已，只是教人開丱冶鐵，抽線造針，又是教人植桑飼蠶，湅絲染縷。有能此者，其繡出鴛鴦，直是等閒細事。然則何故不與繡出鴛鴦？曰：能造金針者能繡鴛鴦，方便鴛鴦者誰肯造金針？又恐不解造金針者，蒐絲棘刺，聊作鴛鴦也。其要欲使人人眞能繡鴛鴦而已。

梁啟超在《中國近三百年學術史》中，盛讚徐光啟的貢獻。他說：

後此清朝一代學者，對於曆算學都有興味，而且歡喜談經世致用之學，大概受到利（瑪竇）、徐（光啓）諸人影響不小。

實際上我們現在使用平面幾何的各種名詞，如點、線、平面、曲線、鈍角、直角、銳角、直徑、三角形、四邊形、多邊形、平行線等等，都是徐光啟創作的，千秋萬世，嘉惠後人。

徐光啟除了與利瑪竇合作漢譯《幾何原本》，還親自或組織他人與傳教士合作編譯了一系列漢文西書。至於徐光啟個人，他是百科全書式的人物，他盡晚年心血的主要工作是編纂「集中國古代農學之大成」的《農政全書》，和系統介紹西方古典天文學理論和方法的《崇禎曆書》等巨著。他還著有軍事文集《徐氏庖言》和數量可觀的天主教傳道護教文章。徐光啟病逝後，李之藻將徐氏各種譯著輯成叢書《天學初函》刊行。

在西學方面啟蒙於郭居靜、受教於利瑪竇，徐光啟深感中國傳統學術於邏輯的嚴重欠缺和數學的停滯落後，因而高度重視演繹推理，以數學為著力點，倡導數學的研習、普及和應用；同時，他以理論指導實踐，長期身體力行地進行天文、水利、農業等方面的科學實驗和測量以及天文望遠鏡、西式火炮等的製造，歸納總結實踐經驗。

徐光啟生活在十六世紀末、十七世紀初，與培根、伽利略、笛卡兒等西歐學術名家同時代且並駕齊驅，在某些方面或有過之。在對待西學和西方文明的態度問題上，遠早於且不同於清末魏源「師夷之長技以制夷」、馮桂芬「中體西用」等思想。徐光啟不僅試圖組織人才隊伍在理論和技藝各層面虛心學習和利用西方優秀文明成果（「博求道藝之士，虛心揚榷，令彼三千年增修漸進之業，我歲月間拱受其成」），還提出了逐步而全面的理解、融匯並超越（「欲求超勝，必須會通；會通之前，先須翻譯。」）的發展路線。

擔任過禮部侍郎和翰林院學士的徐光啟，曾受朝廷之命領兵對抗清軍。他嚴格訓練軍隊並用西洋槍砲重創清兵。他在西方傳教士協助下，於北京城設廠製造新式火砲，比後來的兵工廠早了兩百年。

儘管徐光啟鞠躬盡瘁，但是朝廷太腐敗，政爭太慘烈，他的智慧和忠誠派不上用場，最後抑鬱以終。他的軍事戰略、守則、條令等等，被匯編為《徐氏庖言》一書。清兵入關，順治讀了此書感嘆說：「使明朝能盡用其言，則朕何以至此耶！」可惜崇禎和徐光啟都聽不見了。

徐光啟為官清廉，《明史‧徐光啟傳》有「蓋棺之日，囊無餘資」的記載。《罪惟錄》是明朝一部紀傳體史書，曾形容徐光啟「官邸蕭然，敝衣數襲外，止著述手草塵束而已。」

大陸「百度文庫」載有一篇文章，題為〈徐光啟：歷史給明朝最後一次機會〉，作者為彭勇。他說：

徐光啟對西學的鍾情，毫無疑問是受益於朋友。比起兩個世紀之後，西方傳教士在殖民地不甚光彩的形象來說，徐光啟所認識的傳教士朋友，是如此富有人格魅力。那是一群聖賢之徒，以悲憫而智慧的目光凝視著世人，宣揚忠孝慈愛、改過自新，這和中國的先儒何等相似。與其說徐光啟膜拜了上帝，不如說他膜拜了朋友——傳教士有他的國度，但眞理沒有國度，大可拿來「補益王化，左右儒術，救正佛法」。

徐光啟上海故居在喬家路，不僅地點偏僻，而附近或建大樓、或修馬路，交通阻絕，十分難找。筆者二〇〇七年曾去參訪，費了很多功夫找到時，更是大吃一驚。

原來喬家路這條小街，當時是一個傳統菜市場，蔬菜、瓜果、肉蛋、魚蝦，都放在路旁泥地上，擁擠骯髒，十分不堪。

徐氏故居是一排九間二層樓房，俗稱「九間樓」，筆者去訪問時只剩七間。房子早已破舊不堪，只有楠木柱及部分門拱和窗櫺等還是明代遺物。徐氏後人已不在此居住，「九間樓」成了大雜院，每間少則住四戶人家，多則十戶。窗外掛滿了晾曬的衣服被褥，家家進門處都堆滿了雜物，外人自然也不便進入瞻仰。只有門前一塊石碑，上書「明徐光啓故居」，使訪客不致懷疑走錯了地方。

上海有不少名人居所，除了孫中山、宋慶齡之外，還有毛澤東、周恩來、瞿秋白、張學良、魯迅等等。官方要照顧的有很多，徐光啟的可能就輪不上了。聽說另有徐氏墓園，筆者未曾去，也許維護得會好一些。

不管故居如何破落荒涼，都無礙於徐光啟是中西科學的融合者與實踐者，是早期最有世界觀的中國知識分子。至於賽先生曾否「過門不入」？或何時「長驅直入」？他都管不著了。

原載二〇二二年八月十八日《聯合報・副刊》

魏源、鄭觀應
清代兩個最早睜開眼睛看世界的中國人

《海國圖志》讓中國人知道要「師夷之長技以制夷」
《盛世危言》指出改革不在船堅砲利而是政治制度

魏源和鄭觀應，是清代「洋務運動」的先驅。而且，除了武備之外，他們還注意到國家政治、經濟和社會各個層面的改革問題。

鄭觀應。　　　　(fotoe/達志影像授權提供)

魏源，清葉衍蘭摹繪。
(fotoe/達志影像授權提供)

魏源

魏源（一七九四—一八五七），字默深，湖南省邵陽縣人，晚清的思想家，林則徐的好友。一八四三年，依照林則徐翻譯報紙及其所著的《四洲志》為基礎，寫就五十卷的《海國圖志》，後陸續增補到一百卷。書中闡述了「師夷之長技以制夷」的思想，是當年「維新運動」中非常重要的見解，被譽為「近代中國最早睜眼看世界的文人之一」。

清代知識分子想從外人的陵夷中救中國，提出了「師夷之長技以制夷」的策略，就此展開了影響深遠的「洋務運動」。這個「師夷之長技」的口號，就是魏源在他的名著《海國圖志》中提出來的。想認識近代的中國，不能不認識魏源。

但是沉睡中的老大帝國，魏源一個人喚不醒，接了下一棒的是鄭觀應，他的《盛世危言》打動了光緒皇帝及許許多多的中國人。「盛世」是托詞，「危言」才是當頭棒喝。

魏源，字默深，乾隆五十九年（一七九四年）出生於湖南邵陽縣。七歲開始讀書，刻苦學習，常到深夜。九歲應童子試，一八一〇年中秀才。一八二二年中舉人，開始了從政之路。

在為官的過程中，他目睹清王朝的腐敗，內心十分憤慨。一八四〇年中英鴉片戰爭，讓他感到國家已到危亡的關頭。次年入兩江總督府衙，直接參與抗英戰事。但是在看到清政

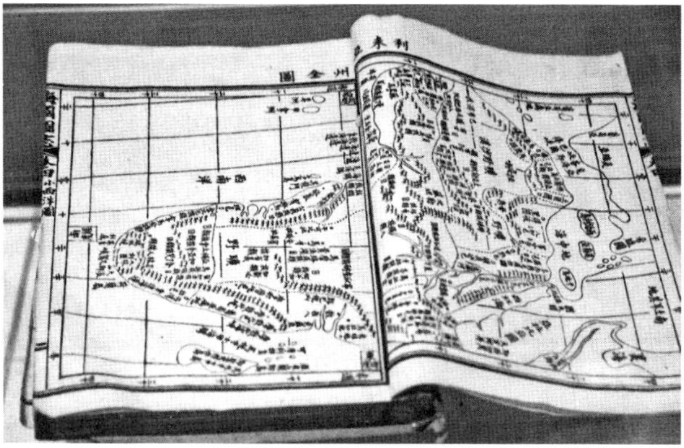

魏源撰《海國圖志》，影響深遠。（fotoe/達志影像授權提供）

府貪汙無能，乃辭官歸田。一八四四年，魏源再次參加會試，中進士，又一次進入仕途，希望為挽救國家命運盡一點力。

起伏的官場生涯，讓他對中國的國情憂心忡忡。他開始研究西方列強的情勢，根據林則徐所寫的《四洲志》，再加上歷代以來流傳下來的史書文獻以及當時西方的地圖資料，編寫成一部囊括世界歷史、地理、經濟、文化、法律、宗教等內容的《海國圖志》，這是魏源一生中最重要的作品。在這本書中，他提出了「師夷之長技以制夷」的觀點。這個觀點，成為後來洋務運動的主要理論，影響深遠。

「師夷之長技以制夷」的論點突破了中國歷代以來傳統陳舊的思想，打破了「祖宗制度不可變」的封建理論，促進了人們思想的解放。這個向西方學習的看法，被後來的洋務派所吸收和借鑑，最終形成了「洋務思想」。

魏源的主張，開始時在中國並未受到重視，一八五一年《海國圖志》傳入日本，卻對日本的現代化發生重大影響，書中的海防建言被納為日本對外國策的參考。現代日本作家井上靖曾說，幕府末期日本傾向開國主義，其契機是讀了中國的《海國圖志》。

在魏源提出的洋務運動理論中，主張中國應該扶持建造工業基礎，大力發展軍事工業，同時應該向西方學習先進的軍事科學技術，要將西方的槍砲船艦技能借鑑過來，成為自己的東西，以維護中國的獨立和主權。

十幾年以後的洋務運動，魏源的主張逐步顯現。一八六五年到一八九〇年，洋務派領導人李鴻章、左宗棠、張之洞等人，先後建立了江南製造總局、湖北槍砲房、山東機械局、福州船政局等二十一個軍火製造局，還聘請西方人士作為設計師，製造各類槍砲。不僅如此，他們還購買了大量的外國艦船，組建了龐大的清朝海軍。在經濟方面，魏源倡導發展近代的民用工業，建議將機器引入軍需用品和民用品中。洋務派還辦了航運、煤炭、紡織、電訊等四十家近代企業，促進了資本主義經濟的萌芽。

魏源的理念與洋務運動的思想，有一個共同的局限性，就是僅僅只看到中國物質面不如西方列強，並沒有看到中國落後的本質是政治。向西方學習只是爲了維護清王朝的統治，而不是爲了建設一個新的現代化國家。因為這種局限性，洋務運動最終未能成功。

不過，魏源與洋務運動承上啟下的關係，使得中國開始向近代化邁進。他仍然得到歷史上公正的評價。

從政治上來說，魏源是近代中國睜眼看世界的人物之一，他「師夷之長技以制夷」的觀點，指點了中國之後進行的洋務運動。他是中國近代化改革過程中的先行者。他主張引技術、強國防、促發展，努力讓中國不受外族欺凌。

從思想文化上來說，魏源對於中國近代化理論的奠定，具有舉足輕重的作用。他編寫的《海國圖志》，成為中國近代化開端的思想指南。他提出睜眼看世界，促進了中國開始真正意義上的融入世界。在學習問題上，他以為應該「經世致用」，以此提出了「變古愈盡，便民愈甚」的主張。

魏源不僅看到「船堅砲利」，他還注意到經濟層面。他主張保護稅源。他認為賦稅是國家強大的資本，而稅源又是稅賦的根本。他反對苛捐雜稅，認為重稅侵犯了納稅人的權益，打壓了納稅人納稅的積極性，破壞了國家運轉賴以生存的財政基礎。在經濟思想方面，他以為要扶持工商業的發展，這樣才能有穩定的稅源。這個觀點的提出，有利於中國資本主義萌芽和發展。魏源這個思想，在十九世紀中期的中國，是十分先進的。

總的來說，魏源開啓了國人向西方學習的新潮流，這是中國政治思想向近代化轉變的重要標誌。

已故旅美學人唐德剛回憶，他曾翻譯過《海國圖志》，當時他看到：「孰荒於門，孰治於田，四海既均，越裳是臣。」不知係出何典？他拿去問胡適。胡適說是《易林》，結果仍找不著。此文可見於韓愈《琴操十首．越裳操》，越裳是古南海國名，白話文意思是「有誰會任自己的門庭荒蕪，而去治理田園呢？只有把自己的國家治理好，外國才會臣服。」

在魏源之後，鄭觀應登上歷史舞台。

鄭觀應

鄭觀應（一八四二—一九二二），號陶齋，廣東省香山縣人，中國近代著名文學家、思想家和實業家。他十六歲時受父命到上海學習經商，並在夜校讀英文，不久就成為各大洋行的買辦，後為李鴻章經辦各種新建設。一八八四年退居澳門「鄭家大屋」中，完成名著《盛世危言》。這是一本極具震撼力和影響力的著作，啓迪了光緒皇帝，也影響了康有為、梁啓超和孫中山。

秦始皇三征嶺南後，澳門歸秦朝版圖。從明朝中葉的一五五七年租給葡萄牙王國，但明仍設官府管理。一八八七年葡國與清廷簽《中葡和好通商條約》，為期四十年。期滿後，成為葡萄牙的殖民地。一九九九年始回歸中國。

鄭觀應的研究者杜恩義指出：

澳門是近代西方思想文化進入中國的橋頭堡，是中國了解世界的一個窗口。澳門在地緣環境上具有開放、融匯的特點，同時在人文氛圍上是多元的、進取的，也是近代中國中西文化的交匯點，新舊思想的碰撞地。澳門獨特的自然、人文、經濟、政治等區位條件，孕育了一批「睜眼看世界」的先驅者和具有近代意識的啓蒙思想家，鄭觀應即是其中的代表。

鄭觀應（一八四二—一九二二），號陶齋，別名杞憂生。出生於廣東香山縣，七八歲時隨家庭遷往澳門，從此在澳門接受教育，十七歲參加香山縣秀才考試落榜，遂遵父命離開澳門，前往上海經商。從學徒、雜工開始，經過不懈努力，三十歲左右即已成為富商。在上海的二十年時間內，鄭觀應先後在英商寶順洋行、太古輪船公司等任買辦，還自己經營貿易，投資航運、礦務、機械等實業，成為一位資本家。鄭觀應的成就及其經驗被洋務派所賞識，一八八〇年後，經李鴻章委任，曾擔任上海機器織布局總辦，輪船招商局幫辦、總辦，上海電報局總辦等職。

在上海期間，二十歲出頭的鄭觀應即開始關注時務、政務，並著手搜集材料，撰寫一些政論性論文。一八七二年《申報》創刊後，鄭觀應成爲中國知識分子最早向報刊投稿的作者之一。一八七三年，鄭觀應將此前寫的文章編輯成冊，命名為《救時揭要》，這是他第一本著作。鄭觀應關注澳門販賣勞工、匪患、鴉片、賭博、娼妓、洋人分治等政治、社會問題，並提出解決方案，以引起朝野的關注，反映了鄭觀應憂國憂民的情懷和改良主義的思想。一八八〇年，鄭觀應又將其他寫的三十六篇文章編輯成冊，定名《易言》，用筆名「杞憂生」出版發行，內容涉及商業、教育、法治、政治等各方面。

後來，一場世界性的經濟危機波及上海，鄭觀應遭受挫折。一八八三年底，上海的七十八家錢莊倒閉了六十八家，正在籌建過程中的上海機器織布局亦受影響，股票大幅下跌，鄭觀應受到波及，不僅使其損失重大，還嚴重影響了他在上海商界的聲譽。

一八八五年五月下旬，鄭觀應以養病為由返回澳門，居住在自宅「鄭家大屋」。此後的六年時間內，深居簡出，潛心鑽研，反省自己多年來對國家、民族及世界的看法，坐下來寫書，完成了《盛世危言》這本大著作。

《盛世危言》是什麼書，又說了哪些「危言」聳聽的話，打動了皇帝？甲午戰爭，清朝戰敗，舉國上下無不沮喪、迷茫，國家到底該何去何從？就在光緒為維新變法熱血沸騰而又無所適從的時候，他讀到了鄭觀應的這本《盛世危言》。

此前，李鴻章等人的洋務運動浩浩蕩蕩，只專注於引進西方的鐵路、廠礦、電話、電報、輪船等等，這些買來的技術層面的東西有沒有用，甲午戰敗就是證明。

所以，鄭觀應在《盛世危言》中，就對這一思想進行批判。他指出，要引進中國的，不是飛機大砲輪船等設備和技術，而是「制度」。具體而言，就是分權制衡的議會民主制度。使國民分擔國家的責任，他們自然就會爲建設國家、救國家而盡力。

其次，《盛世危言》還主張開放輿論監督，將政治公開於傳媒，由朝野各方評論，讓媒體成為黨派的喉舌，也成為百姓的喉舌。

概括地說，第一次有《盛世危言》這樣的書從社會文化和政治制度這些層面，來思考中國積貧積弱的原因，這是革命性的認識轉變。《盛世危言》明確提出仿照西方國家法律，設立議院，實行君主立憲。

《盛世危言》猶如一枚威力強大的炸彈，在人們的意識型態中爆炸。「盛世」只是托詞，「危言」才是鄭觀應真正的目的。

《盛世危言》對清末的維新派和革命派具承先啟後的作用，亦為以後的百日維新奠下根基。對中國近代史的走向有重要影響。

鄭觀應非常重視教育，在這方面留下不少名言佳句：

國之盛衰系乎人，不修學校，則人才不出。

欲教化其民，成其美俗，非學不可。

學校者，人才所由出，人才者，國勢所由強，故泰西之強，強於學，非強於人也。

國之強，強於學，非強於人。這話，對今天兩岸的中國仍然有用。

原載二〇二二年九月十五日《聯合報・副刊》

一百二十四年前透過《紐約時報》的訪談

李鴻章問：美國配稱作自由國家嗎？

在李鴻章藉《紐約時報》批評美國對自由貿易短視的一百二十四年之後，歷史竟然重演，川普又與中國大陸打貿易戰，如不適可而止，必然兩敗俱傷。大清的李相國，有遠見啊！

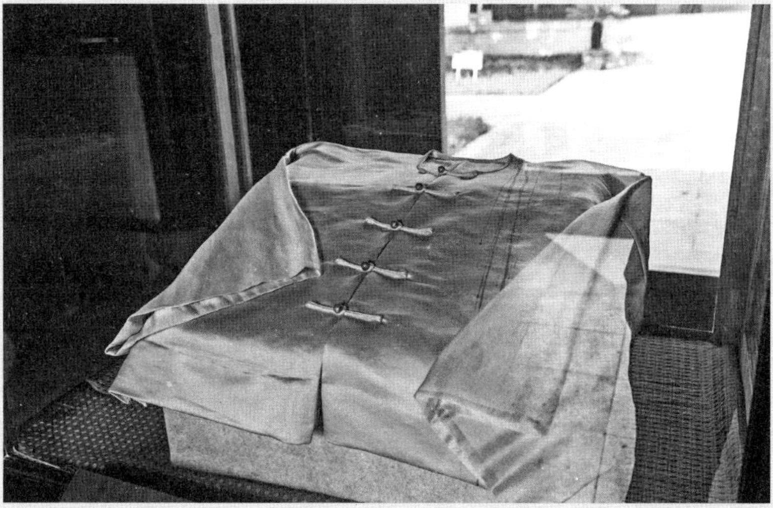

一八九五年李鴻章在日本簽訂《馬關條約》遇刺時所著血衣，安徽省合肥市李鴻章享堂陳列了複製品。 (fotoe/達志影像授權提供)

李鴻章

李鴻章（一八二三—一九〇一），字少荃，安徽合肥人，晚清重要政治家、軍事家和外交家，曾任直隸總督和北洋通商大臣，是清季追求國家現代化最積極的人，他開煤礦，設機器局，設輪船招商局，設電報局，而且設洋學堂、變通科舉考試、選幼童赴美留學，想要從「船堅砲利」和「振興經濟」兩方面齊頭並進，以追求國家富強。惜乎當時國民知識太淺，朝廷暮氣太深，他終未能成功。

二〇二〇年美國總統選舉，發生國會被暴力圍攻事件，使世人吃驚而又迷惘：一個有悠長自由民主歷史的國家，怎麼把選舉弄成這個樣子？川普這樣粗魯霸道、在第一時間不接受選舉結果的人，當初怎麼選上美國總統的？

其實，早在一百二十四年之前，大清相國李鴻章，在紐約就向新聞界質疑：「美國是一個自由國家嗎？」不僅此也，李鴻章還談到世界市場，勞動力自由流動，以及價格和壟斷等事，恰恰也是美國今天的問題。

甲午戰敗，大清帝國被迫簽訂「馬關條約」。日本首相伊藤博文指定要李鴻章代表中國簽字。李鴻章在日本挨了一槍，受傷回國，又挨全國人的辱罵。一八九六年他出國「避難」，訪問了英、法、德、美四國。在英國，維多利亞女王頒贈「伯爵勳章」；在法國巴黎，他參加了萬國運動會的開幕式；在德國，與俾斯麥會面；在美國，克利夫蘭總統接見

NEW-YORK TIMES, THURSDAY, SEPTEMBER

LI ON AMERICAN HATRED

CHINESE LABORERS, HE SAYS, HAVE HIGHER VIRTUES.

Argues for Free Competition in Labor as Well as Free Trade in Commodities—The Geary Act Most Unfair, He Says in a Formal Audience with Reporters—Amazed by Our Tall Buildings and Pleased with Most Things He Sees.

Viceroy Li Hung Chang sent out Tuesday night an invitation for the newspaper reporters of New-York to meet him in his reception room in the Waldorf Hotel at 8:30 o'clock yesterday morning.

The early hour of the appointment was

schools for the girls, and have no higher educational institutions which they can attend. This is due to the fact that our customs are so different from yours, both in Europe and America. Perhaps we should study both systems and adopt the one best suited to us and our needs."

"Was your Excellency most impressed by the receptions tendered to your Excellency by the people of this country, or by your reception by our prominent men?"

Would Not Answer That.

Dr. Mak and Li talked for a minute and both smiled. Then the interpreter said: "The Viceroy says that he has opinions on the subject, but he will keep them to himself."

The descendant and heir of Confucius smiled again.

"Does your Excellency expect any modification of the existing Chinese Exclusion act?" ventured one of the reporters.

"I know that you are about to hold another election, and that there will necessarily be some changes in your Government. I can not say, therefore, anything in reference to any anticipated modification or repeal of the Geary law. I expect, however, the aid of the American newspapers in securing just treatment of Chinese immigrants. I know that the newspaper has a tremendous influence in this country,

刊載李鴻章談話的《紐約時報》。（圖片來自The New York Times官網）

了他。

最令中國人沒有想到的，是李鴻章在紐約與新聞界會面，也講了話。據《紐約時報》的記載，李鴻章侃侃而談各種問題，並直言批評美國的「排華法案」，認爲美國不配稱作「自由國家」。

除了一八八二年的「排華法案」之外，美國在一八九二年又通過了歧視在美華人的《格力法》。《格力法》是美國加州民主黨參議員托瑪斯・格力（Thomas J. Geary）提出，參眾兩院在一八九四年通過的一項法案，規定在美華人必須在該法案通過一年之內重新申請居留證，一年以後未獲得居留證的華人，將被逮捕並驅逐出境。

李鴻章會見美國新聞界並答覆問題，據九月三日《紐約時報》的記載，主要問答如下：

記者：「尊敬的閣下，您已經談了我們（國家）

許多的事情，您能否告訴我們，什麼是您認為我們做得不好的事？」

李鴻章：「我不想批評美國，只有一件事讓我吃驚或失望，那就是你們國家有形形色色的政黨存在，而我只對其中一部分有所了解。其他政黨會不會使國家出現混亂呢？你們的報紙能不能爲了國家的利益將各個政黨聯合起來呢？」

記：「閣下，您贊成貴國的普通老百姓都接受教育嗎？」

李：「我們的習慣是送所有的男孩上學。（在旁的隨員插話『在清國，男孩才是眞正的孩子』）我們有很好的學校，但只有付得起學費的富家子弟才能入學，窮人家的孩子沒有機會上學。但是，我們現在還沒有你們這麼多的學校和學堂，我們計畫將來在國內建立更多的學校。」

記：「閣下，您贊成婦女受教育嗎？」

李停頓了一會，然後很謹慎的說：「在我們清國，女孩在家中請女教師提供教育，所有有經濟能力的家庭都會雇請女家庭教師。我們現在還沒有供女子就讀的公立學校，也沒有更高一級的教育機構。這是由於我們的風俗習慣與你們（包括歐洲和美國）不同，也許我們應該學習你們的教育制度並將最適合我們國情的那種引入國內，這確是我們所需要的。」

記：「總督閣下，您期待對現存的排華法案進行任何修改嗎？」

李：「我知道，你們又將舉行選舉了，新政府必然會在施政上有些變化。因此，我不敢在修改法案前發表任何要求廢除《格力法》的言論，我只期望美國新聞界能助清國移民一臂之力。我知道報紙在這個國家有很大的影響力，希望整個報界都能幫助清國僑民，呼籲廢除排華法案，或至少對《格力法》進行較大的修改。」

李有點激動，繼續說：「排華法案是世界上最不公平的法案。所有的政治經濟學家都承認，競爭促使全世界的市場迸發活力，而競爭既適用於商品也適用於勞動力。我們知道，《格力法》是由於受到愛爾蘭裔移民欲獨霸加州勞工市場的影響，因爲清國人是他們很強的競爭對手，所以他們想排除華人。如果我們清國也抵制你們的產品，拒絕購買美國商品，取消你們產品銷往清國的特許權，試問你們將作何感想呢？不要把我當成清國的什麼高官，而要當成一名國際主義者；不要把我當作達官貴人，而要當作清國或世界其他國家的一名普通公民。請讓我問問，你們把廉價的華人勞工逐出美國究竟能得到什麼呢？廉價勞工意味著更便宜的商品，顧客以低廉價格就能買到高質量的商品。」

「你們不是很爲你們作爲美國人而自豪嗎，你們的國家代表著世界上最高的現代文明，你們也因你們的民主和自由而自豪，但你們的排華法案對華人來說是自由嗎？這不是自

華工參與美國鐵路建設。 (fotoe/達志影像授權提供)

由！因爲你們禁止使用廉價勞工生產的產品，不讓他們在農場幹活。你們專利局的統計數字表明，你們是世界上最有創造力的人，你們發明的東西比任何其他國家的總和都多。在這方面，你們走在了歐洲的前面。因爲你們不限制你們製造業的發展，搞農業的人不僅限於搞農業，他們還將農業、商業和工業結合了起來。你們不像英國，他們只是世界的作坊。你們致力於一切進步和發展的事業。在工藝技術和產品質量方面，你們也領先於歐洲國家。但不幸的是，你們還競爭不過歐洲，因爲你們的產品比他們貴。這都是因爲你們的勞動力太貴，以致生產的產品因價格太高而不能成功地與歐洲國家競爭。勞動力太貴，是因爲你們排除華工。這是你們的失誤。如果讓勞動力自由競爭，你們就能夠獲得廉價的勞力。華人比愛爾蘭人和美國其他勞動階級都更勤儉，所以其他族裔的勞工仇視華人。我相信美國報界能助華人一臂之力，以取消排華法案。」

記：「美國資本在中國投資有什麼出路嗎？」

李答覆：「只有將貨幣、勞動力和土地都有機地結合起來，才會產生財富。清國政府非常高興地歡迎任何資本到我國投資。你們來華投資，資金和技術由你們提供，但是對於鐵路、電訊等事務，要由我們自己控制。我們必須保護國家主權，不允許任何人危及我們神聖的權力。」

在李鴻章藉《紐約時報》批評美國對自由貿易短視的一百二十四年之後，歷史竟然重演，川普又與中國大陸打貿易戰，如不適可而止，必然兩敗俱傷。大清的李相國，有遠見啊！

李鴻章辭世，梁啟超日夜趕工寫成《李鴻章傳》，「吾敬李鴻章之才，吾惜李鴻章之識，吾悲李鴻章之遇」。大家認為這是對李的蓋棺論定。但是以李鴻章所處時代的局限，他對美國新聞界談話的態度與內容，那樣的「識」已經很不容易了。

原載二〇二〇年十二月十八日《聯合報．副刊》

嚴復，以一人之力，譯出一代思潮

他未能參建海軍，入「籌安會」，吸鴉片，均無損其偉大貢獻

甲午戰敗，中國人心中惱恨，以「移情作用」認為嚴復留學英國學習海軍，他回國後如能夠參與籌建北洋艦隊，也許中國不會敗於日本。但事實上中國那時的問題不在船不堅砲不利，而在國民思想落後太多。嚴復以一人之力譯出一個時代的思潮，其「開發國民頭腦」、「武裝國民精神」的貢獻，不是一個艦隊可比。

嚴復。 (fotoe/達志影像授權提供)

嚴復

嚴復（一八五四—一九二一），字幾道，福建福州人，福州船政學堂首屆畢業生，赴英國學習海軍，畢業於倫敦格林威治皇家海軍學院，回國後在船政學堂和水師學堂任教。甲午海戰後，轉向致力翻譯西方名著，希望引進新思想以救中國。他曾自許，那些譯作「非僕為之，三十年中無人可為者」。後人稱譽他「以一人之力譯出一代思潮」。他曾擔任復旦大學和京師大學堂（北京大學前身）校長。袁世凱圖謀稱帝時，他列名「籌安會六君子」之一。

國民黨統治大陸時，共產黨指謫它獨裁，人民沒有自由，結果共產黨取國民黨而代之，但人民的各種自由更受限縮。國民黨退守台灣，民進黨攻擊它獨裁，人民沒有自由，結果民進黨取得了執政權，現在人民的自由怎樣？大家親臨身受，自是點滴在心。

真是「自由，自由，多少罪惡假汝之名以行！」

自由是一個哲學的、政治的和社會的議題，討論這個問題比較早和比較權威的一本書，可能要數英國哲學家約翰・穆勒（John Stuart Mill）一八五九年出版的《論自由》（*On Liberty*），這是一本影響深遠的書，被譽為「肯定人類個體和個性不可泯滅的議論最優雅、意義最重大和影響最深遠的宣言」。書中許多經典思想，已經成為現代各國自由派政黨的政治綱領。

這本書，在英國出版四十四年之後，也就是一九〇三年，被譯成中文以《群己權界論》的書名在中國出版，譯者是嚴復。

嚴復，字幾道，一八五四年生於福建侯官一中醫世家，一八六六年父親病逝，他入「福州船政學堂」學習駕駛，一八七一年成為第一屆畢業生，先後在「建威艦」、「揚武艦」實習五年。一八七七年赴英國學習海軍，兩年後畢業於「倫敦格林威治皇家海軍學院」，回國後被聘為福州船政學堂教習。當時李鴻章正奉命籌建海軍，嚴復卻一直未能直接參與建軍事宜。後甲午戰敗，中國危機重重，嚴復認識到，中國的根本問題不在軍備建設，而在改造國民思想，有現代化的「國民」，才能有現代化的「國家」。於是他轉心從事譯著，將西方的社會學、政治學、經濟學、哲學和自然科學介紹到中國，成為近代中國啟蒙思想家。

嚴復譯作《天演論》。

（fotoe/達志影像授權提供）

他翻譯的重要書籍有：

《天演論》：英國赫胥黎著，使中國人知道「物競天擇，適者生存」的社會意義，加深了對國族興亡的警惕心。

《原富》：也就是被譽為「經濟學鼻祖」亞當斯密的《國富論》。

《群學肄言》：就是英國社會學家斯賓塞所著的《社會學研究》。

《群己權界論》：英國哲學家約翰·穆勒所著《論自由》（*On Liberty*），嚴復譯為今名。

《社會通詮》：英國學者甄克思著，嚴復首次把totem一詞譯為「圖騰」，沿用至今。

《法意》：法國啟蒙思想家孟德斯鳩的名著，也有譯為《論法的精神》者。

《名學淺說》：嚴復以「名學」稱謂西方的「邏輯學」（Logic）。首次將耶方斯的這本名著介紹至中國。

總而言之，十九世紀歐洲學術思潮代表性著作，幾乎被他一網打盡。他自己也曾表示，他所譯的這些書，三十年內絕沒有第二人可以完成。這話並非誇張，後人稱讚嚴復，以一人之力，譯出一代思潮。

嚴復這些譯作，都使用文言文，他為自己的譯事定出「信、達、雅」三原則。這三項標

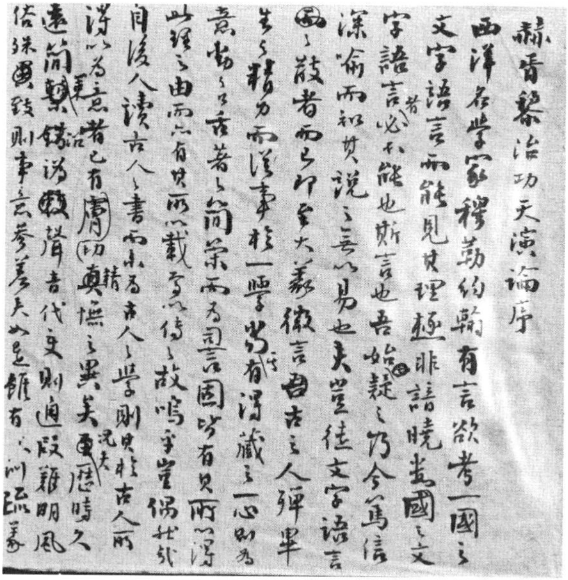

嚴復《天演論》譯序。（fotoe/達志影像授權提供）

準，雖然有人曾有若干討論，但直到現在仍為大家沿用信守。

嚴復在《天演論》的「譯例言」中說：

譯事三難，信、達、雅。求其信已大難矣，顧信矣不達，雖譯猶不譯也，則達尚焉。……譯文取明深義，故詞句之間，時有所傎到益（顛倒附益），不斤斤於字比句次，而意義則不倍本文。

嚴復雖列出譯事三大條件，其實並不認為自己能全部做到。他很清楚在其所處時空，實難兼顧三者。其中「信」（忠於原著）與「達」（文意能傳達給讀者）最難兩全。

嚴復坦承，顧得譯筆的徹底忠實，往往就顧不上譯文的流暢好懂（顧信矣不

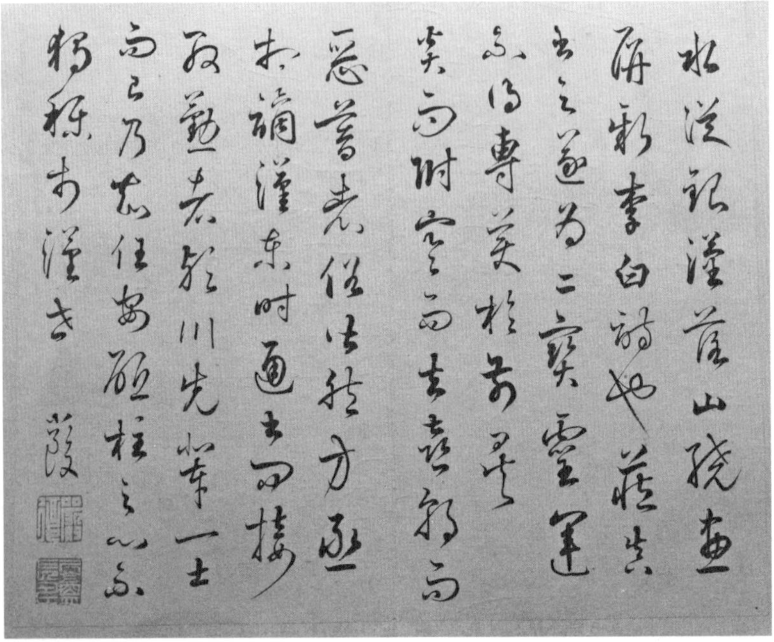

嚴復書法冊頁。 (fotoe/達志影像授權提供)

達），因為「西文句法，多者數十百言」，完全照原著翻譯會令譯文冗長佶屈，讀者看得一頭霧水；如此則譯了等於白譯（雖譯猶不譯也），所以嚴復認為「達」更重要（達尚焉）。

可見，嚴復是有意識地使用「意譯法」，因為當時中國的環境，需要這樣的譯法。

由於嚴復譯文常在原文之外，有自己的一些詮解，為外界所「關注」。而他譯述甚豐，卻無自著之書，亦為社會所不解。嚴復對這兩點，在《名學淺說》的自序中，有所說明：

不佞於庚子辛丑壬寅間曾譯穆勒名學半部，經金粟齋刻於金陵，思欲賡續其後半，乃人事卒卒，又老來精神茶短，憚用腦力，而穆勒書精深博大，非澄心渺慮，無以將事，所以尚未逮也。戊申孟秋，浪跡津沽，有女學生旌德呂氏，諄求授以此學，因取耶方斯淺說，排日譯示講解，經兩月成書。中間義恉則承用原書，而所引喻設譬，則多用己意，更易。蓋吾之爲書，取足喻人而已，謹合原文與否所不論也。朋友或訾不佞不自爲書，而獨拾人牙後慧爲譯，非卓然能自樹者所爲，不佞笑頷之而已。

嚴復明言，他譯書要使人看得懂，「謹合原文與否所不論也」。至於批評他沒有自己的著述，嚴復「笑頷之而已」，蓋他自知將西方思潮引入中國，於國家有大功益，不自行著書立說亦無損也。

嚴復所譯《群己權界論》，在過去和當前的中國社會，都是一本值得注意和討論的書。穆勒的《*On Liberty*》，一般都譯為《論自由》，清楚明白，而嚴復卻轉彎抹角譯為《群己權界論》，與他自訂的信、達、雅三原則是有扞格的。但這正是嚴復思慮深遠的地方。他深恐中國同胞大眾誤解自由的意義，以為自由是「想幹什麼就幹什麼」，以致造成社會紊亂，阻礙國家進步，因而要闡明個人自由「必以他人的自由為界」的道理。他在書的序言中說：

中文自由，常含放誕、恣睢、無忌憚諸劣義。然此自是後起附屬之詁，與初義無涉。初義但云不爲外物拘牽而已，無勝義亦無劣義也。……有人獨居世外，其自由界越，豈有限制？……但自入群而後，我自由者人亦自由，使無限制約束，便入強權世界，而相衝突。故曰人得自由，而必以他人之自由爲界。……穆勒此書，即爲人分別何者必宜自由，何者不可自由也。

他還說，「使眞理事實，雖出之於仇敵，不可變也。使理謬事誣，雖於君父，不可從也。」嚴復譯此書於一九〇三年，仍是滿清時代，故有「君父」之言。

這番意思，他在後來的文章《論世變之亟》裡說得更深切：

彼西人之言曰：惟天生民，各具賦畀，得自由者乃爲全受。故人人各得自由，國國各得自由，第務令無相侵損而已。侵人自由者，斯爲逆天理，賊人道，雖國君不能；而其刑章禁條，要皆爲此設耳。

嚴復對自由的詮釋，許多中國知識分子似都有「同理心」。郭志嵩翻譯穆勒兩文合成《論自由及論代議政治》一書，台大教授毛子水為之作序，說道：

我以爲自由的道理，原本於忠恕。懂得忠恕的人，才能夠懂得自由。就我生平所見的而言，能有「絜矩之道」的君子，沒有一個不尊重自由的道理而會侵害別人的自由的。凡要侵害別人正當的自由的人，不是愚蠢，便是狂妄。

嚴復的聲名蒸蒸日上，他曾擔任復旦大學校長，「京師大學堂」改名「北京大學」的首任校長，但是在他身上，似乎有兩件「未解」之事，和一樁「誤解」之事。

袁世凱圖謀稱帝，楊度組「籌安會」，嚴復列名「六君子」之一，為後代所惋惜，覺得嚴復不值。另有謂嚴復事前不知，是「被參加」的。同時當年國體應該如何，各界本有不同意見。「公車上書」的維新運動，就是提倡君主立憲。楊度在《君憲救國論》中也明言，「中國人程度低，共和絕不能立憲，只有君主才能立憲」。梁啟超雖撰《異哉所謂國體問題者》的大文章，但他也說明不反對君主立憲，只是當時共和已成，若再驟然更變，恐有亡國的危險耳。

嚴復另一受人議論之事，是他吸鴉片的問題。這一點他自己是承認的。一八九〇年嚴復給他四弟的信中說：

> 兄吃煙事，中堂亦知之，云：「汝如此人才，吃煙豈不可惜，此後當體吾意，想出法子革去。」中堂眞可感也。

從這裡也許可以看出，身居中堂高位的李鴻章，在籌建海軍時，並不是不想重用嚴復，是嚴復自己有吸鴉片的惡習。在鴉片戰爭之後，吸鴉片是官場之大忌。但嚴復直到逝世，似乎也沒戒掉。他在一九一九年的日記寫道：

以年老之人，鴉片不復吸食，筋肉酸楚，殆不可任，夜間非服藥不能睡。嗟夫，可謂苦已！恨早不知此物為害眞相，致有此患，若早知之，雖曰仙丹，吾不近也。寄語一切世間男女少壯人，鴉片切不可近。世間如有魔鬼，則此物是耳。若吾言之，可作一本書也。

最後一個「誤解」，是一般人多以為日本的伊藤博文與嚴復在英國同時學習海軍，嚴復成績優等，而伊藤則是「後段班」。但伊藤回國卻當了首相，在甲午之役，率領日本艦隊大敗北洋海軍，中國被迫簽訂馬關條約，而嚴復回國卻只能當一名「翻譯匠」。這是一項「歷史性的錯亂」。

這個傳說，竟連帝師陳寶琛都寫在《嚴君墓誌銘》中：

光緒二年，派（嚴復）赴英國海軍學校肄戰術及炮臺建築諸學，是時日本亦始遣人留學西洋，君試輒最，……而日本同學歸者，用事圖強。

《清代七百名人傳》把傳言再推進一步：

（嚴復）光緒二年，派赴英國海軍學校，肄戰術及砲臺建築諸學。是時日本亦始遣人留學西洋，伊藤博文、大隈重信之倫皆其選也。復得最上第……。

這回加上大隈重信。

其中，影響最大的是一九八八年電視劇《河殤》的第六集《蔚藍色》：

清朝政府最早派送到英國學習海軍的留學生嚴復，日後並沒有去當一名戰艦指揮官，而是成了思想啟蒙家。……然而，當嚴復參與其事的百日維新慘敗之時，日本的明治維新卻成功了。當這位中國近代的偉大啟蒙者在封建勢力的打擊下，一步步放棄改良思想，最終倒退到孔孟之道的懷抱裡去的時候，他在英國海軍大學的同學伊藤博文，卻任日本首相，率領這個島國迅速跨進世界強國之林。

據日本史料，伊藤博文一八六三年到英國，進入「倫敦大學學院」（University College London）學習。不久，得知英國軍艦砲轟下關事件，於同年底即返回日本。那時嚴復只有九歲，不可能與伊藤同學。至於大隈重信，他從來沒有出過國。

甲午戰敗，中國人心中惱恨，以「移情作用」認為嚴復留學英國學習海軍，他回國後如能夠參與籌建北洋艦隊，也許中國不會敗於日本。但事實上中國那時的問題不在船不堅砲不利，而在國民思想落後太多。嚴復以一人之力譯出一個時代的思潮，其「開發國民頭腦」、「武裝國民精神」的貢獻，不是一個艦隊可比。

一八五四年出生的嚴復，一九二一年辭世時中國共和初成，國家舉步維艱，不知他走得安心否？

原載二〇二二年一月十四日《聯合報・副刊》

第三部

戮力國事，生死以之

譚嗣同偽造家書救了父親一命

「我自橫刀向天笑」的英雄，為革命捨身，救親救國一肩擔

「戊戌變法」失敗，譚嗣同一點都不認為避難海外的人有何不對。留者去者，各有其責，各盡其分。這樣博大的胸懷，非英雄豪俊，曷克臻此？

戊戌六君子之一譚嗣同。　　　　　　(fotoe/達志影像授權提供)

譚嗣同

譚嗣同（一八六五—一八九八），湖南長沙瀏陽人，父親譚繼洵官拜湖北巡撫兼署湖廣總督。因甲午之戰中國敗於日本，訂「馬關條約」，割台灣，國人悲憤難抑，乃有康梁等人「公車上書」，光緒採納了他們的意見，開始推行新政，譚嗣同也積極投入。後「戊戌變法」失敗，譚嗣同等「六君子」就義。他的絕命詩有「我自橫刀向天笑」的句子，為後代傳誦。

瞻仰「戊戌變法」先賢的歷史遺蹟，我曾到山東和廣東拜訪了康有為和梁啟超的故居，去天津看了梁啟超的書房「飲冰室」；隨後又走進湖南省瀏陽市北正街九十八號「譚嗣同故居」，覺得這位中國革命史上了不起的英雄，正與我同在，與我一同呼吸，我默誦他的遺言：

各國變法，無不從流血而成，今中國未聞有變法而流血者，此國之所以不昌。有之，請自嗣同始。

百載以下讀之，猶令人壯懷激烈。

一八九四年「甲午戰爭」中國敗於日本，被迫簽訂「馬關條約」，割讓台灣與遼東半島，並賠款兩億兩白銀。國人對此悲憤難抑，正在北京應試的舉子，在康有為和梁啟超的領頭下，上書光緒皇帝，反對簽約，並提出「拒和、遷都、練兵、變法」的主張，史稱

「公車上書」。因為漢代以公家車馬送士人入京考試，後人就以「公車」作為入京應試舉子的代稱。光緒採納了康、梁這一群士子的建議，開始推行新政，譚嗣同也積極參加，這就是「戊戌變法」。但此舉觸犯了慈禧太后及守舊大臣，「后黨」發動政變，軟禁了光緒，並逮捕維新派成員，康、梁避走海外，但譚嗣同置生死於度外，在多方營救光緒未成之後，決定留下以身殉道。他說：

不有行者，無以圖將來；不有死者，無以召後起。

他一點都沒有認為避難的人有何不對。留者去者，各有其責，各盡其分。這樣博大的胸懷，非英雄豪俊，曷克臻此？

譚嗣同「鐵漢柔情」最使人難忘者，是故居中展出他的一份「偽造家書」，這封信救了他父親一命。

譚嗣同一八六五年出生在北京，他父親譚繼洵在京師任官，嗣同十三歲回老家湖南瀏陽掃墓時，留下讀書，並從「大刀王五」（王正誼）習武。一八九六年回北

湖南省瀏陽市的譚嗣同故居。
（fotoe/達志影像授權提供）

京，從事辦學、辦報等社會活動；後以四品章京入軍機處，參與維新運動。那時他父親譚繼洵已官拜湖北巡撫兼署湖廣總督，是「封疆大吏」。變法失敗，譚嗣同決定留下，對維新革命生死以之。但他也知道，「造反」是「滅九族」的罪，於是他模仿父親的筆跡，替父親寫了一封「訓子家書」，擱在書房裡。他知道官府會來搜查，這封信是寫給慈禧看的：

你大逆不道，屢違父訓，妄言維新，狂行變法，有悖國法家規，故而斷絕父子情緣。倘若不信，以此信作爲憑證，爾後逆子伏法量刑，皆與吾無關。譚繼洵

譚嗣同為了維護變法的精神而選擇留下。可是為了不連累父親，卻說了很多言不由衷的話，甚至否定了自己用生命維護的變法大業。不過他的努力沒有白費，譚繼洵最後只是被罷了官，沒有被殺，於一九〇一年終老於家鄉瀏陽。

譚嗣同參與康、梁的變法維新，當然被視為「改革派」。但一九三二年有學者在他故居中發現他的一本日記，卻對此有深一層的看法。

眾所周知，康有為主張依靠光緒皇帝，以變法強國，是維持大清國祚的「保皇派」。而在譚嗣同的日記中，他卻沒有絲毫的「忠君」思想，相反的還痛責清朝皇帝的暴虐無道。日記中反覆回顧清軍入關以來對漢人百姓的種種暴行：

馬足蹴中原，中原墟矣，鋒刃擬華人，華人糜矣，……錮其耳目，桎其手足，壓制其心思，絕其利源，窘其生計，塞蔽其智術，繁拜跪之儀，以挫其志節，而士大夫之才窘矣，立著書之禁，以緘其口說，而文字之禍烈矣。

一方面，滿清在開國初期，對江南百姓殺戮過多，揚州十日、江陰之屠，犯下很多重大的罪行；同時，為了維護自己的異族統治，竭力打壓士人的思想，製造了慘烈的文字獄。在譚嗣同看來，對於中國的落後，滿清統治者應負主要責任。

此外，對「中興」清廷的曾國藩、左宗棠等湖南籍名臣，同為湖南人的譚嗣同也極為不滿，指責他們效命異族「乃不以爲罪，反以爲功」。

譚嗣同那麼憎恨清朝，為何不直接選擇武裝革命，反而還和康有為一起維新變法呢？原來，康有為的一句政治口號，深深將他吸引。這句話便是「保中國不保大清」。他希望利用康有為、梁啟超等維新派，打入清廷內部以謀未來更大的革命事業。所以，他在從事維新運動時，就利用各種手段，希望將社會大眾潛移默化成革命黨。例如，他在開辦新式學堂時，常將《明夷待訪錄》、《揚州十日記》等反清書籍，祕密散發給學生閱讀。

由於譚嗣同是個真正的革命派，他在維新運動中，表現得最為積極。例如策動袁世凱發動政變，抓捕慈禧和榮祿。正是這種膽氣，讓譚嗣同毅然留下慷慨赴死。或許在他看來，

一八九八年九月二十四日，譚嗣同在獄中鎮定自若，大義凜然在獄壁上題詩「望門投止思張儉，忍死須臾待杜根。我自橫刀向天笑，去留肝膽兩昆侖」。（fotoe/達志影像授權提供）

自己的鮮血有助於國人認清滿清的腐朽、愚昧與不可救藥。後來的許多革命黨人，確實是感動於譚嗣同的犧牲，才走上了反清的道路。

譚嗣同被關進大牢，有〈獄中題壁〉詩，豪情溢於筆端，讀之教人熱淚盈眶：

望門投止思張儉
忍死須臾待杜根
我自橫刀向天笑
去留肝膽兩昆侖

張儉、杜根都為歷史人物，但「兩昆侖」卻是難解，連當時的梁啟超都說不清楚，今天就更難以尋索。不過，後人只要懂得、記住「我自橫刀向天笑」這一句，也就夠了。

其實，譚嗣同早在十八歲時，就寫過一首教人印象深刻的詞：

〈望海潮・自題小影〉

曾經滄海，又來沙漠，四千里外關河。
骨相空談，腸輪自轉，回頭十八年過。
春夢醒來麼？對春帆細雨，獨自吟哦。
惟有瓶花，數枝相伴不須多。
寒江才脫漁蓑。剩風塵面貌，自看如何？
鑑賞力不因人，形還問影，豈緣醉後顏酡！
拔劍欲高歌，有幾根俠骨，禁得揉搓？
忽說此人是我，睜眼細瞧科。

這首詞，充分表現了他的豪情壯志。但壯志未酬身先死，一八九八年九月二十八日，譚嗣同與林旭、楊深秀、劉光第、楊銳、康廣仁等「戊戌六君子」，在北京菜市口就義。臨刑前，譚嗣同猶高呼：「有心殺賊，無力回天；死得其所，快哉快哉！」

變法維新人物中，因譚嗣同態度最為激烈，所以慈禧銜恨最深。據後來胡志廷《譚嗣同就義目擊記》記載，慈禧令以鈍刀行刑，總共砍了三十幾刀，譚始斷氣，非常慘烈，但他始終未哼一聲，誠感天動地也。與他平生風義兼師友的「大刀王五」，是清末十大武林高手之一，曾偕同志謀劫法場以救嗣同，但清軍戒備極嚴，未能發動。

慈禧對譚嗣同的殘忍，並不出人意外，歷史上認為她是一個沒有仁心的「女皇帝」。甲午戰後，中日簽馬關條約，中方代表本另有他人，但日本的伊藤博文指定要李鴻章去。慈禧授予全權，日方的條件都可答應，於被迫同意割台之後，在賠款三億兩白銀上，李鴻章堅不讓步，希望中國能減少損失。在僵持中，日本「憤青」對李鴻章開了一槍，幾乎送命，此時國際輿論一片大譁，日方建議訂約談判暫停，讓李先療傷，鴻章不從，帶傷赴會，日方終於同意，賠款從三億兩降到兩億兩。

李鴻章在談判桌上受盡屈辱，回來後又遭國人「喪權辱國」的唾罵。他帶著染血的黃馬褂上朝陛見。鴻章乃中樞重臣，以垂老之年，為國效命，幾至喪生。照理說，當國之人總應表示一些同情、慰問之意才對，但慈禧卻說了一句到現在仍令人感到冷嗖嗖、寒到心的話：「難爲你了，還留著。」

譚嗣同詩文著作不少，最著名的是《仁學》這部書，是一部融合儒、釋、道、墨等各家學術的哲學典籍。他認為世界是由物質的原質所構成，其本體是「仁」，世界的存在和發展都是由於「仁」的作用，故稱他的哲學為「仁學」。最早由梁啟超在日本出版。

《仁學》指斥二千年來專制制度為「大盜」，並猛烈抨擊三綱五常「鉗制天下」，它說：

二千年來之政，秦政也，皆大盜也；二千年來之學，荀學也，皆鄉愿也。惟大盜利用鄉愿，惟鄉愿工媚大盜。

譚嗣同的言論和行動，在在說明他不是保皇的維新派，而是道道地地的革命派。與孫中山一同奔走革命的黃興，一九一二年應袁世凱之邀到北京，九月十六日在湖南同鄉會的歡迎會上，有這樣一段講話：

中國革命，湖南最先。戊戌之役有譚嗣同，庚子之役有唐才常，其後有馬福益、禹之謨諸君子。萍醴之役，廣州之役，我湖南死事者，不知凡幾。又如陳天華、楊篤生、姚宏業諸君子，憂時憤世，蹈海而死，所死之情形雖異，所死之目的則無不同。兄弟（編按：黃興自稱）繼諸先烈後奔走革命，心實無他，破壞黑暗專制，躋我五族同胞於平等之地位而已……。

黃興已將譚嗣同直接納入革命譜系了。

後來的「中華民國」革命成功了，「中華人民共和國」的革命也成功了，譚嗣同泉下有知，拿他「仁」的標尺來衡量，對這兩次革命的過程與結果，不知他滿意否？

原載二〇二一年九月十四日《聯合報・副刊》

俞大維，國民黨重用他，共產黨褒揚他

錢學森說，他是「兩彈一星」的「始祖園丁」，不能忘記他

當過國防部長的俞大維曾說：凡是打過仗的人都不願意看到戰火重燃，因為戰爭只能帶來災難，對誰都沒有好處。

俞大維(中)任國防部長時，經常巡視金門。八二三砲戰當天，他人就在金門，頭部受傷。
(國立台灣歷史博物館提供)

俞大維

俞大維（一八九七—一九九三），浙江紹興人。因為他擔任過兵工署長和國防部長，一般人多認為他是軍人，實際上他是個「讀書人」、是個「知識分子」，他在美國哈佛大學取得博士學位，並在柏林漢堡大學進修。傅斯年曾謂「俞大維和陳寅恪是中國最有希望的兩個讀書種子」。俞大維文武全才，是中國有名的「彈道學家」。他主持兵工署訓練出來的人才，是大陸「兩彈一星」的基幹。

一九五八年八月二十三日下午六時三十分，中共以沿海各據點三百四十門火炮，瘋狂轟擊金門，二十四小時落彈五萬七千四百發。金防部陸海空三位副司令官吉星文、趙家驤和章傑殉職，時在金門巡視的國防部長俞大維，被砲彈炸傷頭部。據說，共軍有情報知道俞大維當天在金門，故第一波砲擊即集中金防部，意在去俞大維而後快也。

星移斗轉，換一個場景，四十一年後的北京，一九九九年九月十八日下午，中共中央、國務院、中央軍委召開大會，表彰研製「兩彈一星」有貢獻的元勳二十三人，由「中國導彈之父」錢學森代表致答詞，他開宗明義的說：

> 今天受獎者大都是七十歲以上的第一代科學家，在座者有第二代梯隊及第三代梯隊，我們第一代梯隊對國防科技發展的成就交出了一張成績單，算是對國家的期望有了一點交代。在此我要特別告訴大家，有三位先賢前輩是我們這一代人永遠感恩與懷念的，由於他

一九五六年九月二十八日，美軍太平洋區總司令兼太平洋艦隊總司令史敦普（左）上將，結束五天訪華活動，國防部長俞大維（右二）、海軍總司令梁序昭（左二）等人至機場送行。（聯合報系資料照片）

們三位的遠大眼光，以及培育人才的寬宏胸襟，十年樹木，百年樹人，才有今日的開花結果。

是哪三個人呢？錢學森說：

第一位就是俞大維先生。例如在場的受獎人任新民、屠守鍔、姚相斌、孫家棟、黃緯祿、徐蘭如、沈正功及謝光選都是在俞大維的兵工廠及研究機構工作或資送出國留學培養出來的人才。

聽到這裡，在座的「黨和國家領導人」均報以熱烈掌聲。這顯示科學家尊重歷史、實事求是的嚴謹態度，也影響了政治人物。

錢學森表示「感恩和懷念」的三位先賢前輩，都是著名科學家，他們是：俞大維、吳大猷和翁文灝。吳大猷曾任中研院院長。台灣的年輕人可能不太知道翁文灝，他是有名的地質學家，後從政擔任過行政院長。一九四九年大陸巨變，他到法國避難，一九五一年回大陸，一九七一年辭世。

錢學森雖然提到三位先賢，但是他特別強調俞大維：

他曾就讀美國哈佛大學和德國柏林大學，以學者身分受邀從政，於一九三三年初擔任國民黨時代軍政部兵工署署長，主管全國軍火武器之研發與生產製造。俞先生上任後，深感中日大戰一觸即發，不可避免，即從德國、瑞典及捷克等國購買武器，彈藥、槍炮材料，引進有關科技，大力整頓金陵、漢陽，鞏縣及上海等各大兵工廠之生產方法，革除陋習，並有獨到的創見與建樹。

錢學森也有「中國航天之父」的稱譽，他推崇俞大維說：

俞大維深知工業的發展，要在科技研究方向扎根，所以在抗戰軍興之前，即成立許多研究發展機構，如理化、應用化學、彈道、精密工具和光學等研究所，並高薪聘請德國彈道學權威克朗茲（Cranz）博士來華教導協助，同時在國內延攬理化方面專才隨克朗茲工作，培育了許多兵器與彈道方面的人才。

一九三七年中日大戰爆發，俞大維奉命將全國二十多個兵工廠遷移到大後方，抗戰八年期間，國軍作戰所需輕兵器和彈藥不曾短缺；而兵工廠也培育了大批兵器與彈道專才。

錢學森接著說：

在我國導彈研發領域中，我錢學森不過是理論上及精神上領導者，而在硬體設計、工藝、實際生產製造等方面都是任新民、徐蘭如及謝光選這一批出身兵工廠的人，領導一群技術工人的集體成果。

錢學森最後感性地說：

俞大維主持兵工廠業務長達十四年，有「兵工之父」的美譽。他是中國近代國防科技發展史上第一位大力開拓、耕耘、播種，灌溉、施肥的始祖園丁，我們不能忘記他。

儘管俞大維對「中華民族」和兩岸「中國」都有巨大貢獻，但在台灣「去中」和「教改」的撥弄下，一般人尤其年輕人對他可能很陌生了。

俞大維的家世和求學過程都有點與眾不同。他祖籍浙江紹興，一八九七年生於湖南長沙。祖父俞文葆清代舉人；父親俞明頤曾任道台。母親曾廣珊，是曾國藩的孫女。妹妹俞大綵，是台灣大學前校長傅斯年的妻子。陳寅恪的母親是俞大維的姑母，陳寅恪的妹妹是俞大維的夫人，陳寅恪的父親陳三立、祖父陳寶箴與俞大維的父輩、祖輩都相交很深。

俞大維童年在上海，即學會多種外國語言，並深得數學和化學之趣。自聖約翰大學畢業

俞大維替《陳寅恪先生全集》題字。
（天下文化編輯部攝影）

後，一九一八年負笈美國哈佛大學，主修哲學，三年十二門課，統統拿A。拿到哈佛博士，即前往德國柏林大學留學，繼續攻讀德國哲學及數學，聽愛因斯坦講授「相對論」。

從哈佛到柏林，前後七年，俞大維都與他表哥陳寅恪同窗共處。他們是「兩代姻親，三代世交，七年同學」。傅斯年曾說，「俞大維和陳寅恪，是中國最有希望的兩個讀書種子」。

俞大維在政府官員中雖以博學著稱，但是他最為大家讚譽的，還是他的清廉。美國兩位在華記者芭芭拉・塔克曼在她的著作《史迪威傳》以及懷特在《霹靂中國》中，都多次批評國民政府官員貪汙腐敗，卻極力推崇俞大維清正廉潔。

俞大維在德國研修軍事期間，曾參與國民政府購買德國軍械，十分認真，被政府任命為駐德國商務調查部主任，後來多次督導採購外國軍需物資。按照國際慣例，收取工廠佣金是天經地義的事，至於暗箱操作，就更難防範。但俞大維自始至終，一身清白。為了防止弊端，凡是大規模的訂貨，俞大維都親自參與。一九三〇年他奉命採購歐洲有名的博福斯（Bofors）生產的七十五型山砲，他親自到工廠所在地瑞典去洽談。當時政府每年都向該廠購買十二門這種山砲，廠方也照例為他準備了十二門，並告訴他將有一筆不菲的回扣。當他知道這筆回扣正好可購買三台同樣規格的山砲，立即說：「希望你們趕工，十五門山砲一齊交貨。」

中國研發原子彈，並非始自中共，國民政府早就做了。一九四五年十一月，軍政部部長陳誠、次長兼兵工署長俞大維，邀請吳大猷（物理）、曾昭掄（化學）與華羅庚（數學）商談研製原子彈。

專家意見是我國毫無基礎，要先由培育人才著手。陳、俞採納此議，聘吳大猷、曾昭掄及華羅庚三人率領王瑞駪、唐敖慶（化學）、孫本旺（數學）及李政道、朱光亞（物理）於一九四六年赴美研習。俞大維還以兵工署的名義向國外派了不少研修生，後來，這些人才為「新中國」國防建設做出了巨大貢獻。

抗日雖然勝利，內戰反而升高。一九四九年形勢驟變，俞大維隨政府撤到台灣。一九五〇年三月，蔣介石任命俞大維為國防部長，他因耳病未就職，改任駐美採購主管。一九五四年，蔣再度任命他為國防部長。俞大維既不是黃埔出身、也不是國民黨員，當然談不上是蔣介石的親信、嫡系。但是蔣堅持要他擔任國防部長這樣的要職，充分顯示對他

一九五七年二月，空軍總司令陳嘉尚上將，為國防部長俞大維(右)佩戴飛鷹胸章。(聯合報系資料照片)

的認識和信任。

俞大維最忌將時間耗費在開會與應酬上，上任第一天，講了五分鐘的話，就搭乘軍艦到金門、馬祖、大陳巡視。他在職期間去大陳、馬祖、金門各島一百三十次以上，平均每兩週去一次，人稱國防部長的辦公室在金門。他的信條是：

我不能去的地方，怎能派我部下去呢？

俞大維擔任國防部長，堅持任人唯賢；他說：

我用人就不問是否出身黃埔或行伍，只要忠誠能幹又肯幹者，我皆喜歡。

在歷史上，君臣之間肝膽相照、推心置腹如唐太宗與魏徵那樣的典型，極為少見。進入民國時期，蔣介石與手下的文臣武將貌合神離甚至明爭暗鬥者也不在少數。但是，蔣與俞大維的關係卻是個例外。

俞大維自幼就受到良好的家庭教育，精讀古籍，博覽群書，更重要的是他以效法聖賢為人生目標。他曾向母親詢問曾國藩的做人處世的準則，老夫人說：

文正公一生嚴明治軍，謹慎治事，勤儉治家，恪守民族傳統美德，不近人情的事不做。

於是，「不近人情的事不做」這一條，成為俞大維生平恪守不渝的處事原則，他在《九十隨語》中說：

自幼及長，影響我最深的，是母親經常對我轉述曾文正公的一句話——不近人情的事他不做。我也是如此，不近人情的事，我不做。母親是曾文正公的孫女，這句話由母親說來倍覺平易深遠，我因而終身奉行不輟。

俞大維與蔣介石並無淵源，國難期間他毅然從德國回來為國家效力，從兵工署長、交通部長做到國防部長，在常人眼裡，多半會認為他與蔣介石必然過從甚密，但據俞大維自己說，他與蔣見面機會不少，但談話次數極少。

俞大維感到蔣介石信任、厚待自己，又沒有在他身邊安排親信監視他，或對他有所掣肘，自己沒有後顧之憂，在國外所學的專長有了充分施展的機會，基於這些，俞大維深深感念蔣介石的知遇之恩。

抗戰勝利之後。當時兵工署尚未回遷，俞大維正在重慶侍奉母病，聯軍要求蔣介石速派深曉軍械的俞大維到上海，接收日軍一座重要軍械庫。這事使事母至孝的俞大維陷入兩難，他寫了一份「陳情表」給蔣介石，稱自己「報國之日長，報母之日短」，請求另派他人。

蔣介石不但沒有怪他「抗命」，反而派專機並配備了醫護人員將俞大維母子接到上海。此舉不僅使俞大維能夠到上海履行公務，而且使俞母的病得到及時和最好的醫治，使俞大維得以忠孝兩全。這件事更使俞大維對於蔣感恩懷德，在國府撤離大陸時，毫不猶豫地隨蔣同行。臨走時，周恩來曾透過俞大維的近親極力挽留他，俞大維表示，對於國民政府前途的艱險他很清楚，但若不報蔣先生的知遇之恩，便是「不近人情之事」，而「不近人情之事」他是發誓終生不做的。

俞大維的「報恩」主要是通過恪盡職守、做好工作來體現，並不是掛在嘴上，或者是時時跟隨左右。俞大維晚年曾對人透露：

總統府和國防部同在「介壽館」。他的辦公室與蔣的辦公室有一道暗門相通，可以隨時見面，但是他們兩人誰也沒有用過那扇門，可見他們是互相理解、互相信任的。

蔣介石去世後，每逢忌日或冥辰，俞大維必去慈湖陵園叩首謁陵，風雨無阻。晚年的俞大維行走不便，以輪椅代步，依然每年兩次謁陵叩首，泣下不能自已，常常感動在場的謁陵群眾也隨之跪下。

一九七七年，俞大維身體大不如前，於一月二十日立下遺囑：

余追隨故總統蔣公四十七年，曾任兵工署長、交通部長、國防部長。賴蔣公專純信任，得達成艱巨任務，知遇之感，永志難忘。

余去世以後，遺體火化，不舉行任何弔祭或紀念儀式，亦不得收受親友賻贈，骨灰由長子揚和駕機撒於金門海面，先飛過故總統蔣公之陵寢及故副總統陳公之墓園，以致余最後之敬禮。

立了遺囑十六年之後，俞大維於一九九三年初皈依佛門，法號「淨維」，當年七月八日辭世，享壽九十六歲。遺囑將藏書分為兩類，軍事科學書籍捐贈三軍大學，文史哲及自然科學計七千餘冊，捐贈台灣大學。

晚年的俞大維對兩岸關係十分關注。他曾對人表示，希望兩岸和平，不要再起干戈。他說：

凡是打過仗的人都不願意看到戰火重燃，因爲戰爭只能帶來災難，對誰都沒有好處。

對於俞大維這番話，不知今天兩岸還有多少人聽得進去？

原載二〇二一年十一月十八日《聯合報．副刊》

盧作孚，宜昌大撤退，爲國家保留抗日資本

以個人輪船公司獨任艱巨，四十天內把人員和物資搶運到重慶

一九四九年經中共從香港請回大陸，公司被合營，人受辱自殺

四川人、曾任四川省主席的張群，這樣讚揚盧作孚：

一個沒有學校教育的學者；

一個沒有現代個人享受需求的企業家；

一個沒有錢的大亨。

「民生」輪是盧作孚第一艘船。 (fotoe/達志影像授權提供)

盧作孚

盧作孚（一八九三—一九五二），四川省重慶府合州人，家境貧寒，讀完小學即輟學。一九一〇年加入同盟會並參加四川的保路運動。因憤於長江航行均為外輪，乃創辦「民生輪船公司」，為國家爭海權。抗日戰起，政府遷都重慶，大批軍人和物資在宜昌亟待輸運，盧作孚指揮員工，於四十天內完成任務，為抗日戰爭留下資本。大陸「解放」後，盧作孚自香港返回北京，公司被「公私合營」，人受鬥爭，乃吞安眠藥自盡。

(fotoe/達志影像授權提供)

很多中國人都知道「敦克爾克大撤退」，是第二次世界大戰時盟軍在歐洲大陸執行的一項戰略性撤退。這次撤退從被德軍圍殲中挽救了四十萬名英、法士兵，並成為四年後盟軍反攻歐洲的基礎。

「敦克爾克大撤退」固然雄壯，但是中國在抗戰時，有媲美敦克爾克大撤退的「宜昌大撤退」，歷時四十天，在日軍地面部隊步步進逼，天上飛機猛烈轟炸之下，搶運了軍民和傷兵共一百五十萬人、三十萬噸武器彈藥和十萬噸生產機器設備到重慶大後方，因為得到這些人力物力的支援，抗日戰爭才獲得最後勝利。但「宜昌大撤退」，可能現在很多中國人不知道了，更不會記得「民生輪船公司」和他的負責人、大撤退的指揮官盧作孚。

盧作孚，一八九三年生於重慶合川，因家境貧寒，上完小學即輟學，後自學成才，當過教師、記者、主筆等職。加入過孫中山的同盟會，也曾參與四川「保路運動」。

生長在江邊的盧作孚，看到長江上下行駛的都是外籍輪船，心中很不服氣，認為中國的河海應有中國輪船行駛。一九二五年盧作孚集資創辦了「民生輪船公司」。民生，取孫中山「民生主義」之意。

只有一條船的民生公司，一開始就想避開擁擠的賽道，專攻別人不做的領域。人家都做貨運、做長線，民生就做客運、做短線。首航三年內，就賺回了兩艘新輪船。

三條船加在一起，總噸位也只有二百三十噸，連有些公司的一條船都比不上。不過，手握三艘輪船，盧作孚信心百倍，他要以小搏大，一統整個長江上游的航運業。這個奇蹟的完成，他只花了「三步走」。

盧作孚的第一步，是兼併商輪。重慶一帶，從宜賓到宜昌，凡是有賣輪船的，不論好壞他都買下來；凡是願意被合併的，不論對方負債多少、員工多少，統統合併進來。

就這樣，民生成立短短七年，就成了長江上游最大的航運公司，擁有十九艘輪船之多。

盧作孚的第二步，是兼併軍輪。當時，四川的軍閥們大多都有自己的輪船公司，軍閥打仗未必行，搞企業更是不行。輪船業在那幫人手裡，愈經營愈虧損，盧作孚的民生公司就接手過來了。

商輪兼併了，軍輪也兼併了，第三步他想兼併外國輪船。事有湊巧，一九三三年初，英

抗戰時期民生輪在三峽中作軍火運輸，因卸炮彈不慎爆炸沉沒。（fotoe/達志影像授權提供）

國太古公司有一艘價值六十萬兩白銀、製造先進的巨輪，在長江觸礁沉沒。英國人打撈不上來，最後，決定把這艘沉船以五千兩白銀的價格拍賣，希望能撈回一點本兒。

不過這便宜可不好拿，沉在長江水底，萬一打撈不上來，五千兩白銀就丟到水裡了。當時，中外各大輪船打撈公司，都到現場查看了一番，一個個搖頭而去，因為打撈難度太大了。

可是民生公司初生之犢不畏虎，別人不敢接，他們接了。民生投下五千兩白銀，拉起廠裡的土專家跟工人們一番苦幹，竟然把這巨輪給撈上來了。這可是撿了個大便宜，經過一番改造，訂名「民權輪」。

民生公司做的是客運，是服務業，跟人打交道，要有完善的制度才行。盧作孚親自下場，參與了制度設計。首先，重視開闢航線，不斷擴大客戶群。其次，穩定價格，不能老是臨時漲價，給顧客心裡留下疙瘩。再一個，堅決改變當時輪船業的陋規，禁止船工要小費、討紅包，使客人困擾。

民生公司的制度，不但從幾個大處著眼，連細節方面也都不放鬆。特別是對員工們的服務意識，要求的最緊。大制度，小細節，這就是民生公司賴以發展的根本。

就在民生公司展翅待飛的時候，日本侵華戰爭也開始加緊了。一九三一年九一八事變以後，局勢變得緊張起來。很多企業家紛紛帶著錢財逃到國外，盧作孚不為所動，時刻準備以商人的身分，參與抗日戰爭。

一九三七年，民生公司的任務來了。本來位於南京的國民政府，宣布遷都重慶，把四川定為戰時的大後方。連中央政府都搬去重慶，東部的機關、學校、工廠等等，自然也紛紛向川渝一帶搬遷。這個搬遷任務，就交給了民生公司。

但搬遷可不是簡單的事。要搬遷的不僅有工廠，還有學校。人員設備，都不在少數。特別是在一九三八年日軍開始追擊到武漢以後，情況就更緊迫了。

敵人既已迫近武漢，那就只有往宜昌撤。宜昌是長江的咽喉，入川的門戶。這麼一來，這座只有十萬人口的城市，一下子就積壓了超過九萬噸的兵工、航空等各類工業器材，滯留人員超過三萬。

在宜昌，地面上，日本陸軍步步緊逼；在天上，日本飛機日日轟炸。眼看著再過四十天，長江就要進入枯水期，航運能力將更受限制。南京和宜昌兩地，人人焦心，肩負撤運任務的民生公司，更是壓力沉重。

當時，民生公司能用的輪船有二十四艘。看上去好像不少，但跟等待運輸的物資人員一比，簡直相差太遠。粗略估算，以現有的船隻，怎麼著也得一年才能運完，想要在短短四十天內完成任務，幾乎沒有可能。

盧作孚當機立斷，和大家召開通宵會議，討論出了「三段運輸法」，把宜昌到重慶的航線分為三段：宜昌到三斗坪為一段，三斗坪到萬縣為一段，萬縣到重慶又是一段。

運輸的時候，先分輕重緩急。後方急需但又笨重的設備，就直接運往重慶。至於別的物資，就先運一兩段，等之後再繼續往重慶搬。

另外，每個船員都不能休息太長時間，必須日夜兼程，三峽多險灘，夜間航行危險，只能白天運輸、夜裡裝卸，不空耗一分鐘，把運輸效率提升到極限。

每天早晨，宜昌都能開出五六艘滿載的船。下午，返回的空船快抵達碼頭的時候，就提前把艙口蓋子揭開。岸上的起重機舉起臂膀，等到輪船剛拋錨，就立刻裝貨上去。

就這樣，在四十天內，民生公司居然運完了所有的人員和將近七成的物資，這是盧作孚一生創造的最大奇蹟。他的奇蹟也奠定了國家在堅苦卓絕中獲得最後勝利的基礎。

整個抗戰期間，民生公司的船隻一共運送軍民和傷兵共一百五十萬和三十多萬噸武器彈藥，輪船被炸毀九艘、炸傷六艘，船員犧牲一百一十七人。他們不是軍人，但他們也在第一線抗敵，也成仁取義。

四川人、曾任四川省主席的張群，曾讚揚盧作孚：

> 一個沒有學校教育的學者；
> 一個沒有現代個人享受需求的企業家；
> 一個沒有錢的大亨。

盧作孚生活簡樸，一九四四年美國《亞洲和美國》雜誌曾報導盧作孚居家環境：

> 他家中的設備近乎貧寒，唯一一件「高級」用品，是一把三〇年代初期買的小電扇，漆都褪盡了，破舊不堪。

在公司裡，盧作孚給自己訂的月薪是三十大洋，比一般員工好不了多少。而且，不管他內內外外兼多少差事，他只拿一份薪水。四川軍頭楊森想延攬他，月薪五百大洋，他婉謝了。

經過二十餘年的經營，到一九四九年，民生公司已擁有江、海船舶一百四十八艘；航線從長江及其支流開始，延伸到中國沿海、台灣，東南亞各國、日本、印度；分支機構遍及長江沿線和中國沿海各主要港口、台灣、香港和東南亞、美國、加拿大；員工七千九百六十人。此外，還擁有造船廠、發電廠和各港口的許多碼頭、倉庫；投資銀行、保險、鋼鐵、機械、紡織、煤礦、水泥等六十餘項實業；是當時中國最大和最有影響力的民營企業集團。

一九五〇年四月，周恩來派人到香港請盧作孚及其滯港船隻回國，六月十日盧作孚離開香港經廣州到北京。作為特邀代表，參加了六月十五日在懷仁堂召開的全國政協第一屆第二次會議，兩次受到毛澤東接見和設宴招待，還與周恩來、陳雲等人多次交談。不久，民生公司被改為「公私合營」。

在一九五二年初的「三反運動」中，民生公司內部揭露「貪汙及嚴重浪費現象」。二月二日，在民生公司大樓的走廊裡，貼有大批「大字報」，內容是質問「公股代表為什麼不下基層來，不到工人中間來」、「公股代表難道就沒有貪汙行為」等等，盧作孚受到衝擊。二月六日上午八點半至中午十二點，在民生公司資方代理人學習小組會上，盧作孚第一次當眾檢討「公私不分」的「舊生活方式」，「解放後儘管我當心學習，但生活習慣不是一朝一夕可以改變過來的」。二月八日上午，由民生公司海員工會和公股代表發起召開「民生公司『三反』坦白檢舉大會」，會議主題是揭發資方腐蝕國家的幹部。這明顯是對著盧作

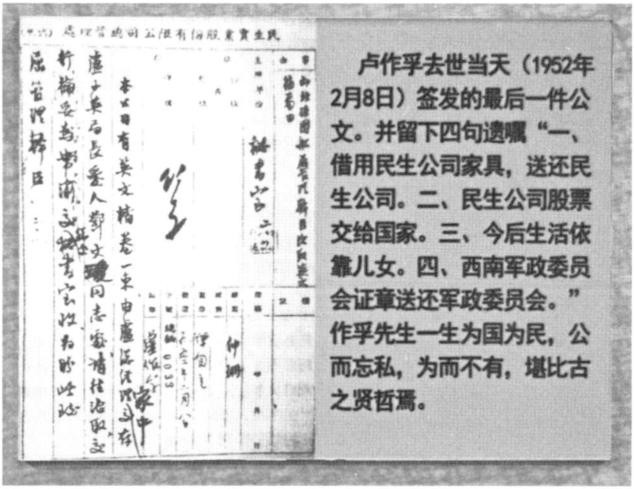
卢作孚去世当天（1952年2月8日）签发的最后一件公文。并留下四句遗嘱“一、借用民生公司家具，送还民生公司。二、民生公司股票交给国家。三、今后生活依靠儿女。四、西南军政委员会证章送还军政委员会。”作孚先生一生为国为民，公而忘私，为而不有，堪比古之贤哲焉。

盧作孚遺囑，重慶市北碚區盧作孚紀念館。

（fotoe/達志影像授權提供）

孚來的。這天下午，盧作孚照常上班，在辦公室處理了一些瑣碎事務，簽發了幾個文件。其間還到祕書科，在那裡仔細地交代了一些事。當天晚上在重慶市民國路二十號家中服安眠藥自殺身亡。遺囑主要有兩點，第一把民生公司股票交給國家。第二叮嚀子女好好照顧母親。

文革前後，投河、上吊或吞藥的文化人很多，企業家相對較少。盧作孚總是與別人不一樣。

主持「宜昌大撤退」的英雄，卻躲不過人生的大風浪，把自己的生命也「撤退」了。

原載二〇二二年十一月十七日《聯合報．副刊》

蔣的陳布雷、毛的田家英「從道不從君」？

這兩人都向領袖進過忠言，都未被採納，最後都以「屍諫」

荀子論「臣道」，有「從道不從君」之說。意思就是「依從正確的原則做事，而不是依從國君的主張做事」。這樣的人，現在能找得到嗎？

蔣介石祕書陳布雷。
(fotoe/達志影像授權提供)

陳布雷

陳布雷（一八九〇—一九四八），寧波市慈溪人，原名訓恩，筆名布雷，幼習八股文，曾通過大清的府試與院試，一九〇四年科舉廢止，進入中學堂，接受新式教育，畢業於浙江高等學堂（浙江大學前身）。入同盟會，參與革命。前半生服務報界，加入國民黨，任教育部次長，繼由蔣介石延攬入幕，幫他撰寫文稿，有「蔣介石文膽」之稱。

從前有帝王就有臣子，現代有領導人就有幹部。帝王和領導人應該怎麼做？臣子和幹部應該怎麼做？都要有些規範才是。規範當然有，遠在戰國時期的荀子，既寫過《君道》，也寫過《臣道》。他談君道：

君者民之原也，原清則流清，原濁則流濁。故有社稷者而不能愛民，不能利民，而求民之親愛己，不可得也。民不親不愛，而求爲己用，爲己死，不可得也。民不爲己用，不爲己死，而求兵之勁，城之固，不可得也。兵不勁，城不固，而求敵之不至，不可得也。敵至而求無危削，不滅亡，不可得也。

君主或領導人只有一二人，而臣子或幹部則有成百上千或上萬人，他們對政務推動和國家前途，可能影響更大。故荀子對臣道說得更剴切：

（臣下對君主有「勸諫」、「苦諍」、「輔助」、「匡正」和「拂」的功能）故諫、爭、輔、拂之人，社稷之臣也，國君之寶也，明君所尊厚也，而暗主惑君以爲己賊也。而明君之所賞，暗君之所罰也；暗君之所賞，明君之所殺也。伊尹、箕子可謂諫矣，比干、子胥可謂諍矣，平原君之於趙可謂輔矣，信陵君之於魏可謂拂矣。傳曰：「從道不從君」，此之謂也。

重點是最後一句話，「從道不從君」。意思就是「依從正確的原則做事，而不是依從國君的主張做事」。

這事不容易，尤其是君王的「近臣」。不過也不是完全沒有。近代中國兩位最有權勢的領導人蔣介石和毛澤東，他們的兩位智囊祕書，就有點「從道不從君」的意味。

先說蔣的陳布雷。

陳布雷原在新聞界。後為蔣介石延攬入幕。蔣不僅文字上的事依靠他，政務上的事也倚重他。他擔任蔣的侍從室主任、中宣部副部長、中央政治會議祕書長和軍委會副祕書長。手握重權，卻從不弄權。尤其生活之儉樸克己，在當時浮華奢靡的政界，是立懦廉頑的榜樣。

一九四八年十一月十四日清晨，南京城內爆出一條驚人的消息，《中央日報》第二版以三欄長題報導，陳布雷於昨日上午八時，以心臟病突發逝世。

南京城掀起一陣議論和傳言：

唉！遼瀋會戰失利，徐蚌會戰前途兇險，國軍在東北、華北都吃了敗仗。陳老夫子是不是感到半壁江山岌岌可危了？

聽說陳老夫子向總統進忠諫，總統發脾氣了，打了陳老夫子一個耳光，陳老夫子羞愧交加，便吞安眠藥自殺了。

十一月十八日《中央通訊社》發布消息：陳布雷不是死於心臟病突發，而是自殺身亡。布雷先生素患神經衰弱，以致常苦於失眠，每夜必服安眠藥三片始能入睡，有時於夜半醒來，再服數片，始能略睡，晨起總在上午七時左右。本月十三日至上午十時，尚未見起床，祕書蔣君章推門進入臥室，見布雷先生面色有異，急請總統府醫官陳廣煜、熊丸救治，兩醫官判斷布雷先生係服安眠藥過量，其心臟已於兩小時前停止跳動。其時，蔣祕書於布雷先生臥榻枕旁，發現遺書一封，囑其不必召醫救治，並囑其慎重發表消息，不可因此舉而使反動派捏造謠言。蔣祕書即遵守遺言，發表先生因失眠症及心臟衰弱逝世。陳氏家屬及祕書隨從檢點遺物，又於公文篋中發現上總裁書二紙，及分致諸友人，及留交陳夫人及公子之書信，均先後分別呈送。

陳布雷在留給祕書的信中，一再表明：物價日高，務必薄殮、薄棺、薄埋。他還說，牀

蔣介石（右五）與陳布雷（右六）等人合影。（fotoe/達志影像授權提供）

下新皮箱內，尚有金圓券七百元，囑贈陶副官三百元。

位高權重，卻兩袖清風，在國民黨的高級官員中是罕見的，因為當時米價已合金圓券三百幾十元一石了。

十一月十三日上午聽到陳布雷死訊，蔣介石面色發白，隨即取消了當天會議。走到陳布雷臥室，面對他的遺容，默默無言。隨後，宋美齡在陶希聖的陪同下走到陳布雷臥榻旁，淚流滿面。

陳布雷遺體於十一月十五日在南京中國殯儀館大殮，遺書在十一月二十四日後公開發表。其中自以給蔣介石的一封最為重要：

介公總裁鈞鑒：

布雷追隨二十年，受知深切，任何痛苦，均應承當，以期無負教誨。但今春以來，目睹耳聞，飽受刺激，入夏秋後，病象日增，神經極度衰弱，實已不堪勉強支持，值此黨國最艱危之時期，而自驗近來身心已毫無可以效命之能力，與其偷生尸位，使公誤以爲尚有一可供驅使之部下，因而貽害公務，何如坦白承認自身已無能爲役，而結束其無價值之一生。凡此狂愚之思想，純繫心理之失常，讀公昔在黃埔斥責自殺之訓詞，深感此舉爲萬萬無可諒恕之罪惡，實無面目再求宥諒，縱有百功，亦不能掩此一眚，況自問平生實無絲毫貢獻可言乎？天佑中國，必能轉危爲安，惟公善保政躬，頤養天和，以保障三民主義之成功，而庇護我四億五千萬之同胞。回憶許身麾下，本置生死於度外，豈料今日，乃以畢生盡瘁之初衷，而蹈此極不負責之結局，書生無用，負國負公，眞不知何詞以能解也。夫人前並致敬意。

部屬　布雷　負罪謹上

陳布雷給隨身副官陶永標留下一封信，託付後事。陶永標有一段回憶：

布雷先生做了半輩子官，而且是大官，眞是一人之下，萬人之上，但從不搞特權，生活上清苦儉約，抗戰時在重慶的伙食尤其簡單，同部屬同桌喫飯，衣著樸素，人所共見，房間裡家具裝飾也很簡單，會客室中只有三把舊沙發，配給他用的汽車，從不許家人使用。陳布雷最小女兒陳璉是共產黨員，不久前被逮捕，可能更使他心力交瘁。陳璉一九一九年生，成年後曾在西南聯大讀書，與同學袁永熙結婚。一九三九年七月加入共產黨，積極參加活動，一九四七年八月二十四日被國府情治單位破獲，集體逮捕。因為她的家庭背景，簽報最高當局處理，蔣介石批示交陳布雷領回管教。陳居中樞要位，女兒竟是共產黨，據說這事對他刺激很大。

中共建政後，陳璉曾任共青團少年兒童部部長。一九五六年被劃為「右派」，與袁永熙離婚，文革時被批為「叛徒」，在上海跳樓自殺。

在台灣曾任民進黨要職的陳師孟，是陳布雷的孫子，「師孟」這個名字也是陳布雷取的。一家三代，各有自己的政治信仰。

關於陳布雷的自殺，蔣介石機要祕書周宏濤二〇〇三年九月十五日有一段口述回憶：

多年後，蔣公才親口說出，陳布雷的自殺，是因爲外間散布蔣公即將下野的謠言之故。陳布雷當時留下兩封遺書給蔣公，第二封遺書中這麼寫著：「今我所聞所見於一般老百姓之中毒素宣傳以散播關於公之謠言誣衊者，不知凡幾，回憶在渝，當（民國）三十二年時，公即命注意敵人之反宣傳，而四五年來，布雷實毫未盡力以挽回此惡毒之宣傳，即此一端，已萬萬無可自恕自全之理。

十年後，蔣公對黨內的一次講話中提到陳布雷的這番話：「當時余曾決心死守南京漸圖光復，然如三十七年陳布雷同志去世時致余二信，尤以第二封信爲最，在其自殺前一星期的政治會議後，在休息室向余報告外間謠言無奇不有，而黨內亦人人如此說，並指明某同志之言論態度，極表憤慨，後果因此以死報國。

陳所謂之「謠言」，是指要蔣下野的事。徐蚌會戰期間，桂系要求蔣交出領導權，陳布雷為此憂憤不已。

十一月二十八日，距陳布雷自殺不過半個月，在一個小規模會議上，蔣介石對高級文武官員說：

有人曾經對我建言，要讓宋子文、孔祥熙、陳立夫、陳果夫加上夫人宋美齡，拿出五億美元，用於國家。這是什麼話？宋子文有什麼錢，孔祥熙有什麼錢，至於夫人，那就更沒有錢了。所以，散布這個言論，不管怎麼說，只會給黨國帶來危害，有利於共產黨！

蔣介石雖然沒有講明建言者是誰，大家都聽聞也相信是陳布雷。這也更使人認識陳布雷堅守忠諫的「臣道」。如果他心中只有領袖而無國家，會說這樣的話嗎？

田家英

田家英（一九二二－一九六六），四川成都人，原名曾正昌，筆名田家英，幼年父母雙亡，做學徒，自修中國古典文學，十三歲即在報章發表文章，一九三八年赴延安，入馬列學院學習，加入共產黨。後入中共中央政治研究室，又成為毛澤東的祕書，負責毛的文牘事宜。是毛的「四大祕書」之一。

再說田家英。在台灣，一般人可能不知道他是誰，但當年在大陸他可是一顆「政治明星」，毛澤東「四大祕書」之一，標準的「近臣」。只是因為心存百姓，想說真話，最後未得善終。

田家英一九二二年出生，四川成都人，三歲喪父，九歲喪母，十一歲因為家貧被迫輟學，在哥嫂的成都藥鋪當學徒。他從小喜歡讀書，輟學之後，依仗一本字典，通讀了《資治通鑑》、《史記》和許多中國古典文學著作，並且在床頭書寫了一副對聯：「走遍天下路，讀盡世上書」。雖然狂了一些，總是有點志氣。

一九三五年，十三歲的田家英就在報刊雜誌堅持不斷地發表文章，在家鄉被譽為「神童」。

田家英在中學時開始接近共產黨，參加了共產黨抗日救亡團體「海燕社」，因此而被學校開除。一九三八年赴延安入陝北公學學習，畢業後任中共陝北公學總支祕書、歷史教員，並加入中國共產黨。次年進入延安馬列學院學習，一九三九年畢業後留在馬列學院「中國問題研究所」工作。

一九四一年，田家英被選入中共中央政治研究室，後又調往中共中央宣傳部，負責編寫小學課本。一九四六年，田家英被毛澤東看中，聘為其子毛岸英的家庭教師。

一九四八年，田家英在胡喬木的推薦下成為毛澤東的日常祕書。一九五四年被任命為中共中央辦公廳副主任，負責祕書室的工作。

田家英參與了《毛澤東選集》一到四卷的編輯，主要負責注釋的撰寫。並參與「中華人民共和國」憲法、毛澤東詩詞等的編寫，並主筆草擬中共八大毛澤東的開幕詞。

在毛澤東的「四大祕書」中，田家英與毛關係最為密切、最受信任。他掌管毛的印章、個人存款、和親友來往信件。毛澤東自恃文采風流，演講不假他人撰稿，只有時讓田家英代筆。

這樣一顆政治明星，「不幸」有說實話的自我期許。一九五九年廬山會議整肅彭德懷，田家英同情彭，支持彭的萬言書，毛雖批他「右傾」，但還是維護了他。一九六一年毛指派他去農村調查，看到農民饑饉的慘狀，他當場下淚。回來在餐桌上寫道：「一飯膏粱頗不薄，慚愧萬家百姓心。」他向毛澤東從實匯報，認為「畝產萬斤」不可能，支持「包產到戶」，批評「大躍進」，引起毛澤東不滿，兩人關係出現裂痕。

一九六五年十二月，毛到上海召開政治局常委擴大會議，醞釀發動文革。二十九日上午，毛找陳伯達、田家英、胡繩、艾思奇、關鋒開會，講了很多話：

最近有兩篇很轟動的文章，一是姚文元的〈評新編歷史劇《海瑞罷官》〉，一是戚本禹的〈為革命而研究歷史〉。戚的文章很好，缺點是沒有點名。姚的文章也好，對戲劇界、歷史界和哲學界震動很大，缺點是沒有擊中要害。《海瑞罷官》的要害是罷官，嘉靖皇帝罷了海瑞的官。一九五九年我們罷了彭德懷的官，彭德懷也是海瑞。

田家英眼見一場政治大風暴颳起來，心所謂危，在紀錄上把毛的這段話刪掉了。刪掉了也壓不住爭權禍根的文革，田家英以「竄改毛主席著作」的大罪受「停職檢查」，他接到通知，當夜自盡屍諫。也有一說他是被逮捕的人槍殺的。但以死相諫，意義則一。

在黨的大路線、大方針有錯誤時，像陳布雷和田家英這樣有「勇氣」的人，在台灣找得到嗎？

自殺也許不值得提倡，但在某些時刻，總也是一種人格的表現。慣常批判國民黨和共產黨的人會說，一隻燕子不能代表春天。這話不錯；但是，一隻燕子都沒有，則春天絕對渺不可期。

原載二〇二二年十月十三日《聯合報・副刊》

第四部

斯文已喪，巨星殞落

王國維、老舍、傅雷三位「殉文化」的文化大師

陳寅恪說：一種文化值衰落之時，為此文化所化之人，必感苦痛，非出於自殺無以求一己之心安而義盡

歷史總是這樣發展的：政治力量恆常想摧毀一個有思想的作家，但結果卻把他變成一個思想更深沉銳利的偉大作家。

老舍。
（fotoe/達志影像授權提供）

王國維。
（fotoe/達志影像授權提供）

傅雷。
（江奇勇先生提供）

王國維

王國維（一八七七—一九二七），字靜安，號觀堂，浙江海寧人，是國學大師，為中國新學術的開拓者，連接中西美學的大家，精通英、德、日文，是用西方文學原理批評中國舊文學的第一人。他著述甚多，以《人間詞話》流傳最廣。一九一一年辛亥革命爆發時，他正在日本，從此以「前清遺民」自居。後投河死，有人謂其「殉清」。

中國學術界三位大師級的人物，在四十年內兩次「改朝易代」之際，都以自己的手結束了自己的生命。

王國維，一九二七年六月二日，投湖。

老舍，一九六六年八月二十四日，投湖。

傅雷，一九六六年九月二日，懸樑。

什麼原因使他們這樣做？

王國維生平著述有六十二種，但一般人閱讀最多、最記得的，恐怕還是那本《人間詞話》。

辛亥革命前三年，即一九〇九年，三十三歲的王國維發表了《人間詞話》這本書。他以「詩人的靈動、美學家的敏感、哲學家的參悟」，串聯了晏殊、柳永和辛棄疾三人詞中的三句話，形成著名的「三境界」說：

古今之成大事業、大學問者，必經過三種之境界：「昨夜西風凋碧樹。獨上高樓，望盡天涯路。」此第一境也。「衣帶漸寬終不悔，爲伊消得人憔悴。」此第二境也。「眾裡尋他千百度，驀然回首，那人正在，燈火闌珊處。」此第三境也。

大陸王國維研究者張晨怡說：這段話，不僅道出了歷史上無數大事業家、大學問家成功的祕密，也可以看作在巨變的時代裡，王國維一生學術思想的概括。

一八七七年，王國維出生於杭州府海寧一個書香世家，其父王乃譽精於書畫、篆刻、古文詩詞，並在家教王國維讀書，對他一生有很大的影響。一八九三年肄業於杭州崇文書院，鄉試未中，到上海入《時務報》充書記校對，公餘到金石學家羅振玉創辦的「東文學社」學習英文等外國語文及理化，準備留學。從日本「東京物理學校」畢業回國後，應羅振玉邀請到蘇州「江蘇師範學堂」任教，同時埋頭文學研究，開始其「兼通世界之學術」的沉潛階段，寫出多篇哲學、美學論文。

一九一一年，辛亥革命爆發後，王國維隨羅振玉寄居日本京都，從此以「前清遺民」自居。其研究方向開始從哲學、文學轉向經史、小學。以古文字學為基礎，研究古代中國歷史，從古器物到古代書冊、服裝、建築，各方面皆有涉及。在日本期間他「生活最爲簡單，而學問則變化滋甚。成書之多，爲一生冠。」

水到渠成，終成一代大師。

以後王國維又數度赴日研究，一九一八年回國，一九二二年受蔡元培之邀，任北京大學國學門導師，正式進入高等教育界。

一九二三年四月，由蒙古貴族、大學士升允舉薦，應召任清遜帝溥儀「南書房行走」。

一九二四年十一月五日，馮玉祥發動北京政變，驅逐溥儀出宮，暫住醇親王府，王國維陪同。此事對王刺激甚大，常想自殺，被家人勸阻。此時清華大學設國學研究院，請王國維、梁啟超、陳寅恪和趙元任為「四大導師」，是中國教育史上的盛事。王國維乃舉家遷入清華園，以兩年多的時間講學和著述。

一九二七年，政治氣氛鉅變，大家對中國前途感到不安和悲觀。六月二日上午，王國維僱人力車到頤和園，自沉於昆明湖魚藻軒，留下遺書給兒子王貞明：

五十之年，只欠一死。經此事變，義無再辱。我死後當草草棺殮，即行槀葬於清華塋地。書籍可托陳吴二先生（按：陳寅恪和吳宓）處理。我雖無財產分文遺汝等，然苟謹慎勤儉，亦必不至餓死也。

王國維之死，是中國文化的重大損失，他究竟為何自溺？至今仍有爭論，有所謂的「殉清說」、「反共及痛恨北伐說」、「性格悲劇說」，但以陳寅恪的觀點最為後人所接受。他在《王觀堂先生輓詞》的序言中寫道：

凡一種文化值衰落之時，爲此文化所化之人，必感苦痛，其表現此文化之程量愈宏，則其所受之苦痛亦愈甚；迨既達極深之度，殆非出於自殺無以求一己之心安而義盡也。

吾中國文化之定義，具於白虎通三綱六紀之說。若以君臣之綱言之，君爲李煜亦期之以劉秀；以朋友之紀言之，友爲酈寄亦待之以鮑叔。其所殉之道，與所成之仁，均爲抽象理想之通性，而非具體一人一事。

簡言之，陳寅恪認為這種人是「殉文化」。

陳寅恪的這段「定義」，雖然是為王國維寫的，但「情理相同」的老舍和傅雷，應亦可適用。

老舍

老舍（一八九九—一九六六），本名舒慶春，滿洲正紅旗人，生於北京，一九〇〇年八國聯軍之役，老舍的父親永壽身為護軍營，鎮守正陽門，力戰殉國。老舍與母親相依為命，生活清貧，受族人資助入私塾讀書，後考取公費的北京師範學校，畢業後在中學和小學教書，「五四運動」啓發了老舍新文學創作，寫了很多著名的作品如《駱駝祥子》、《四世同堂》、《茶館》等等。文革時不堪紅衛兵折磨，投河死。

老舍，本名舒慶春，一八九九年生於北京旗人家庭，八國聯軍進攻北京，老舍的父親身為護軍營鎮守正陽門，力戰殉國。

父親死後，老舍與母親相依為命，生活清貧。直到九歲，受族人資助入私塾讀書。一九一三年考取北京師範學校，一九一八年畢業，先後任高等小學校校長和天津南開中學教員。在此期間，他深受「五四運動」影響，曾說：

「五四」給了我一個新的心靈，也給了我一個新的文學語言。……感謝「五四」，它叫我變成了作家。

一九二四年秋季，老舍赴英，在倫敦大學教導英國人學習中國官話和中國古典文學。他業餘閱讀了大量英文作品，並開始文學創作。一九三〇年春回到北京，先後任教於濟南的齊魯大學和青島的山東大學。一九三六年寫出長篇代表作《駱駝祥子》。

一九三七年，七七事變爆發後。老舍離別家小，奔赴國難。參加文藝協會，利用各種文藝形式為抗日貢獻力量。自己則創作大量抗日作品，包括代表作長篇小說《四世同堂》。抗戰結束後，老舍於一九四六年三月接受美國國務院邀請，赴美講學。一九四九年中共新政權成立，應周恩來之邀回到北京，曾任中國文聯副主席等職。

一九五六年到一九五七年，老舍創作了話劇《茶館》。以一座茶館作為舞台，展開了清末戊戌維新失敗、民國元年北洋軍閥盤踞、國民黨政權崩解前夕三個時代的生活場景和歷史動向。老舍的話劇藝術在這個劇本中有重大突破。繼《駱駝祥子》之後，再次為他贏得國際聲譽。

一九六二年開始，許多文藝作品遭到中共當局批判，老舍被迫停筆。一九六六年八月二十三日，老舍到北京市文聯參加文化大革命運動。當日下午，紅衛兵衝擊文聯，老舍與三十多位作家、藝術家一道被掛上「走資派」、「牛鬼蛇神」、「反動文人」牌子，押至北京孔廟大成門前，向焚毀京劇服裝、道具的大火下跪，慘遭侮辱、毒打。血流滿面、遍體鱗傷的老舍被押回文聯，在摘下掛在脖子上的木牌時，撞到押解人員，又以還手「對抗紅衛兵」而被加掛「現行反革命」牌子，遭到變本加厲的殘酷毆打，直至八月二十四日凌晨回到家中；而紅衛兵組織要求他二十四日上午到文聯繼續接受批鬥。八月二十四日清晨，老舍獨自離家到北京太平湖畔，拿著《毛澤東詩詞》，直到當日深夜，投湖自盡，終年六十七歲。

一九七八年初，老舍得到平反，恢復了「人民藝術家」的稱號。他在北京東城區燈市西街豐富胡同的故居，也是紀念館。這套宅院大約建於清朝後期，一九四九年十二月，老舍自美國回到北京，那時妻子胡絜青和四個孩子尚在重慶，老舍看中了這套四合院，當時房主不要錢，只要布，老舍便用一百匹白布換得了這套房子，隨即修繕，一九五〇年攜全家遷入居住。老舍在這裡住了十六年，一直住到一九六六年投湖身亡。筆者曾於二〇〇四年前去參訪。院中種植有菊花、曇花，東次間牆上掛有一幅菊花圖，和一幅他的夫人胡絜青的詩句：「傷心京華太平水，湖底竭時淚不乾」。

老舍有「文學語言大師」的稱號，一生寫了八、九百萬字。評論家們認為：

老舍擅長描寫北京市民，特別是下層貧民的生活，具有濃郁的市井風味和北京地方色彩。他善於描寫普通的日常生活，在他的小說中，人物幾乎都是活動在非常平凡的生活中的。他擅用北京口語，文字簡樸明快，敘述談話，句式很短，生活味濃。

六十七歲正是寫作有成的時刻，老舍死得太早，否則應該有更好、更多的作品。「傷心京華太平水」是多少人的痛啊？

傅雷

傅雷（一九〇八─一九六六），江蘇南匯（今上海市浦東區）人，中國著名翻譯家。早年留學法國巴黎大學，翻譯了大量的法文作品，包括巴爾札克、羅曼羅蘭、伏爾泰等名家著作。文化大革命時受紅衛兵迫害，和太太朱梅馥雙雙自縊身亡。傅雷有子傅聰和傅敏，傅聰有音樂天才，到歐洲留學，成為鋼琴家。傅雷夫婦與傅聰通信，自一九五四─一九六〇年寫了一八六封信，後輯成《傅雷家書》，廣為流傳。

傅雷百年誕辰展覽會，二〇〇八年四月在大陸「國家圖書館」舉行。筆者恰巧在北京，

傅雷夫婦和兒子傅聰（右）的家居生活。（江奇勇先生提供）

以半天的時間，瀏覽了傅雷譯著的各種版本、手稿、家書、照片、遺物，以及朋友對他懷念的文字。

蓋棺論定，傅雷一生有兩大成就：第一，把第一流的法國文學譯介到中國；第二，把兒子傅聰「打造」成世界第一流的鋼琴家。

有這兩點，被迫被虐而死的傅雷，或稍可瞑目。

一九二八年傅雷到法國留學，入巴黎大學習藝術理論，但不久即沉湎於翻譯中，疏遠了攻讀學位。他說：

讀學位作爲謀生的手段，未始不好，有時也必須；但絕不能作爲衡量學問的標誌。

傅雷對譯事的認真，出於他對人對事認真的秉性。他在法國結識了劉海粟，成為好友，回國後，劉延他到上海美專任教，但傅不滿他的辦學作風，斷然離去。

正直而孤傲的傅雷，從此閉門譯書，神遊於羅曼羅蘭、巴爾札克、伏爾泰和梅里美的世界中。

一九四九年上海「解放」，在「新中國」的政治體制裡，傅雷沒有單位，沒有職務，當然也沒有工資。他更是無所選擇的歸隱於書齋。

傅雷和妻子朱梅馥育有兩個兒子——傅聰和傅敏。傅聰幼時即展現出音樂天賦，在他七歲半時，傅雷把他從小學「撤回」，另延家教教他一般課程及鋼琴訓練。傅雷督導極嚴，但他更希望兒子成為一個「巨匠」而不是「工匠」。他告訴傅聰：

你只要永遠記住這四點就可以了：第一做人，第二做藝術家，第三做音樂家，最後才是鋼琴家。

一九五三年，傅聰被選拔到羅馬尼亞參加世界青年鋼琴賽，得銅牌，對於當時封閉的中國，是一件大事。一九五四年，他被批准到波蘭留學，師從「蕭邦權威」杰維斯基教授習藝。一九五五年，第五屆國際蕭邦鋼琴賽在華沙舉行，二十七個國家的選手參賽，傅聰得

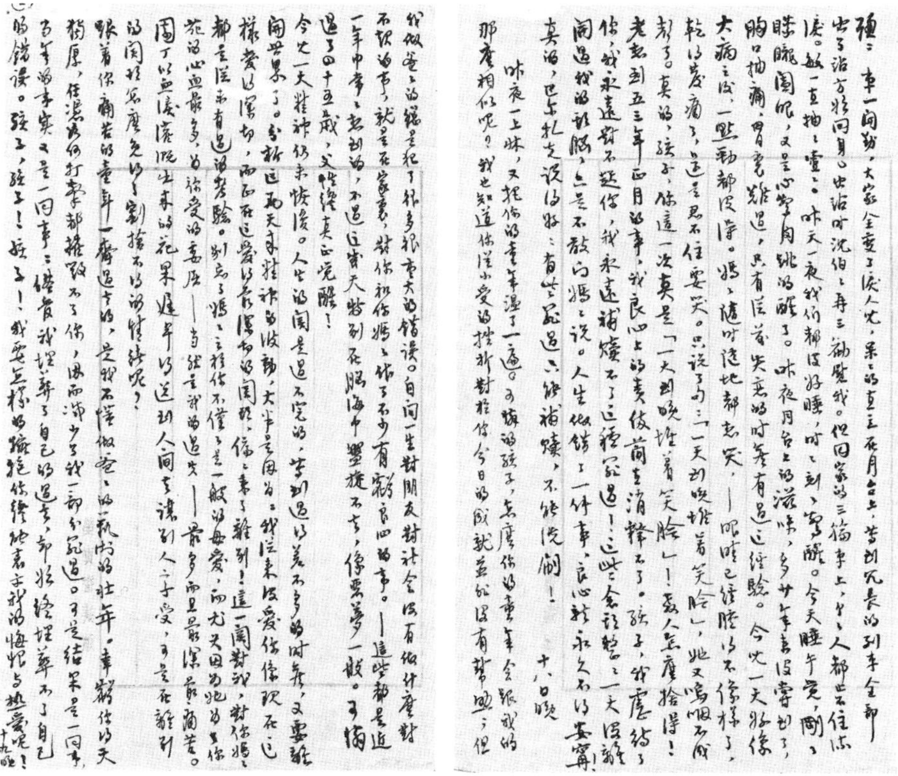

種種。車一開動，大家全變了淚人兒，呆呆的直立在月台上，等到冗長的列車全部出了站方始回身。出站時沈伯伯再三勸慰我。但回家的三輪車上，個個人都止不住流淚。敏一直抽抽噎噎。昨天一夜我們都沒好睡，時時刻刻驚醒。今天睡午覺，剛剛矇矓闔眼，又是心驚肉跳的醒了。昨夜月台上的滋味，多少年來沒嘗到了，胸口抽痛，胃裡難過，只有從前失戀的時候有過這經驗。今兒一天好像大病之後，一點勁都沒有。媽媽隨時隨地都會哭，——眼睛已經腫得不像樣了，乾得發痛了，還是忍不住要哭。只說了句「三天到晚堆着笑臉」，她又嗚咽不成聲了。真的，孩子，你這一次真是「一天到晚堆着笑臉」！每人怎麼捨得！老想到五三年四月的事，我良心上的責備簡直消釋不了。孩子，我虐待了你，我永遠對不起你，我永遠補贖不了這種罪過！這些念頭整整一天沒離開過我的頭腦，只是不敢向媽媽說。人生做錯了一件事，良心就永久不得安寧！真的，巴爾扎克說得好：有些罪過只能補贖，不能洗刷！

十八日晚

昨夜一上床，又把你的童年溫了一遍。可憐的孩子，怎麼你的童年會跟我的那麼相似呢？我也知道你從小受的挫折對於你今日的成就並非沒有幫助；但

（二）

我做爸爸的總是犯了很多很重大的錯誤。自問一生對朋友對社會沒有做什麼對不起的事，就是在家裡，對你和你媽媽作了不少有虧良心的事。——這些都是近一年中常常想到的，不過近幾天特別在腦海中盤旋不去，像噩夢一般。可憐過了四十五歲，父性才真正覺醒！

今兒一天精神仍未恢復。人生的關是過不完的，等到過得差不多的時候，又要離開世界了。分析這兩天來精神的波動，大半是因為：我從來沒愛你像現在這樣愛得深切，而正在這愛得最深切的關頭，偏偏來了離別！這一關對你媽媽都是從未有過的考驗。別忘了媽媽之於你不僅僅是一般的母愛，而尤其因為她為你花的心血最多，為你受的委屈——當然是我的過失——最多而且最深最痛苦。園丁以血淚澆灌出來的花果遲早得送到人間去讓別人享受，可是在離別的關頭怎麼免得了割捨不得的情緒呢？

跟着你痛苦的童年一齊過去的，是我不懂做爸爸的藝術的壯年。幸虧你的天性獨厚，任憑我何打擊都摧毀不了你，因而減少了我一部分罪過。可是結果是一回事，當年的事實又是一回事：儘管我埋葬了自己的過去，卻始終埋葬不了自己的錯誤。孩子，孩子，孩子！我要怎樣的擁抱你才能表示我的悔與熱愛呢！十九晚

傅雷家書，撼動千萬中國人。 （江奇勇先生提供）

第三名，那年他二十一歲，從此走上世界級鋼琴家之路。

傅聰走後，傅雷和他經常通信，談藝術，說人生，話家常，述往事；像家人，也像朋友。那些真情摯愛的傾訴，就成了後來的《傅雷家書》，撼動了千萬中國人的心，成了「中國父母的聖經」。

大陸建國後，政治運動不斷，一九五七年傅雷以「親美反蘇」的「罪名」，被劃為「右派」。原本極少的社會活動中斷了，極少的朋友也不來往了。最要緊的是，沒有人敢出他的書，沒有稿費他就沒有生計。同情他處境的出版界友人，勸他以筆名出書，他說：用筆名出書本無不可，但以「右派」爲由，不行！最後以「預支稿費」度日。

一九五八年，大陸當局要傅聰回國。傅聰知道，一回去，他這一生就完了，不得已乃逃亡英國。傅雷養了一個「叛國」的兒子，處境就更加悲慘。

傅雷把全副精神轉移到翻譯上，從一九五七到一九六二年，他夜以繼日，翻譯了一百多萬字。環境愈艱困，恰恰也是他人格表現和文化創造成就最輝煌的時候。

但當時的「大氣候」不容你遺世獨立。文革來了，傅雷受不了折磨，聲言「士可殺而不可辱」，於一九六六年九月二日，與夫人朱梅馥雙雙上吊自殺，各種事情交代得清清楚楚：

留款請代繳房租；友人託修的手錶歸還；親戚存放的首飾被紅衛兵抄家拿走，留款作爲賠償；留下火葬費；留六百元給保母，作爲過渡時期的生活費，她一生孤苦，我們不願她無辜受累。

半夜上吊，還在凳子下墊上棉被，免得凳子倒下時驚擾鄰居。文明而善良的人，時時為他人著想，臨死也不例外。

傅雷一九六三年寫信給傅聰說：「任何孤獨都不怕，只怕文化的孤獨，精神思想的孤獨。」這個文化人，就在「文化的孤獨」中死去。

歷史總是這樣發展的：政治力量恆常想摧毀一個有思想的作家，但結果卻把他變成一個思想更深沉銳利的偉大作家。

有「鋼琴詩人」和「現代蕭邦」之稱的傅聰，因染「新冠肺炎」，於二〇二〇年十二月二十八日在倫敦逝世，八十六歲。生前有人問他《傅雷家書》的事，傅聰說，其實他不太看「家書」，「因爲不敢看，每次看都太動感情，整天沒法工作」。

現在他們在天國團聚，「家書」就用不著了。

原載二〇二二年七月十五日《聯合報・副刊》

陳寅恪：獨立之精神，自由之思想

他不歡喜國民黨，拒絕了共產黨，最後死得非常慘烈

自冰心和巴金於一九九〇、二〇〇五年先後謝世，因政權更替而留在大陸的頂尖學者，已凋零殆盡。如今數風流人物，能看今朝？

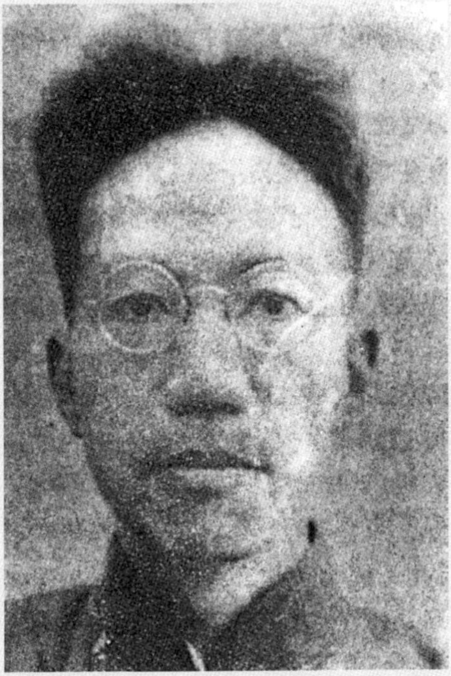

陳寅恪。　(fotoe/達志影像授權提供)

陳寅恪

陳寅恪（一八九〇—一九六九），江西南昌府義寧州人，祖父陳寶箴為湖南巡撫，父陳三立為著名詩人。他遊學歐美等國名校，通曉二十餘種語言。與王國維、梁啟超、趙元任四人受聘為清華大學國學院「四大導師」。國共內戰轉劇，陳寅恪雖隨胡適等同機離開北平，但未到台灣，留在廣州嶺南大學任教，撰寫《柳如是別傳》等書。文化大革命期間，受紅衛兵折磨而死。

大陸陷共初期，「我的朋友」沈君山留在廣州讀「嶺南大學」，後才輾轉來台。我問他，當時陳寅恪正在嶺南任教，認識他嗎？沈說不認識，但是「有人告訴我，那座小樓裡有位老教授，學問很大」。那時沈君山只是青稚期的大一學生，離後來成為「才子」和清華大學校長還有很長一段路，他不認識陳寅恪不足為奇。不過那位「老教授」的確「學問很大」。

在清華國學院任教時的陳寅恪。

（fotoe/達志影像授權提供）

陳寅恪家世顯赫，祖父陳寶箴官拜湖南巡撫，父親陳三立為詩文名家。因家學淵源，他早年就打下國學基礎，後來留學日本、德國、瑞士、法國和美國，具備了閱讀英語、法語、德語、日語、蒙古語、藏語、滿語、梵語、巴利語、波斯語、突厥語、西夏語、拉丁語和希臘語等十多種語言的能力。

最使人想不到的是，陳寅恪負笈四海，學貫東西，卻連一張畢業證書都沒有。因為他「貪得無饜」的想多聽名師講課，多讀名著，而不願困守在一篇博士論文中。幸而那個年代重學識勝於重學歷，他一九二五年回國，吳宓主持清華學校「國學研究院」，他受聘為「四大導師」之一，另三人為王國維、梁啟超和趙元任。一九二八年清華學校改制為清華大學，他為中文、歷史兩系教授，又在北京大學兼課，且任中央研究院史語所第一組主任。他的學問受到學界普遍的肯定與尊敬。

他在清華、北大開課，當時名家如吳宓、朱自清、馮友蘭都來旁聽，他被稱為「教授中的教授」。姚從吾說：「陳寅恪先生爲教授，則我們只能當一名小助教而已。」在西南聯大時，自視甚高的劉文典認為聯大文學院真正的教授只有「兩個半」，陳寅恪是其中的一個，他自己只能算半個。

雖然陳寅恪的學養和著述都令人稱道，但大家最敬仰他、也最耳熟能詳的，還是他在王國維紀念碑文的兩句話，「獨立之精神，自由之思想」，是為學和做人的標竿，巍然樹於天地，立懦廉頑，垂為典範。

一九二七年六月二日，王國維在北京頤和園昆明湖自沉，一九二九年清華研究院樹碑紀念王國維，陳寅恪撰碑文：

海寧王先生自沉後二年，清華研究院同人咸懷思不能自已。其弟子受先生之陶冶煦育者有年，尤思有以永其念。僉曰：宜銘之貞珉，以昭示於無竟。因以刻石之辭命寅恪，數辭不獲已，謹舉先生之志事，以普告天下後世。其詞曰：

士之讀書治學，蓋將以脫心志於俗諦之桎梏，眞理因得以發揚。思想而不自由，毋寧死耳。斯古今仁聖所同殉之精義，夫豈庸鄙之敢望。先生以一死見其獨立自由之意志，非所論於一人之恩怨、一姓之興亡。嗚呼！樹茲石於講舍，系哀思而不忘；表哲人之奇節，訴眞宰之茫茫。來世不可知者也，先生之著述，或有時而不章；先生之學說，或有時而可商。惟此獨立之精神，自由之思想，歷千萬祀，與天壤而同久，共三光而永光。

抗日戰爭爆發，其父陳三立憂憤死，陳寅恪悲傷過度，右眼失明。他攜眷流亡，先後在西南聯大、香港大學、廣西大學、燕京大學和清華大學任教。一九四五年左眼亦幾近失明。

勝利不久又有內戰，一九四八年底，共軍進逼北平，蔣介石總統派飛機搶救北平學人，他和胡適同搭最後一班飛機到南京，第二天到上海轉往廣州，任教「嶺南大學」，經中共「院系調整」，併入「中山大學」。他晚年一直都在「中大」，直到逝世。

陳寅恪為什麼不像胡適和傅斯年一樣，隨國民政府到台灣？這是有蛛絲馬跡可循的。據留在大陸的史學教授鄧廣銘等人的回憶，陳寅恪曾表示：「我不怕共產主義，也不怕共產黨，我只是怕俄國人……。我去過世界許多國家，唯獨未去過俄國，只在歐美見過流亡的俄國人，還從書上看到不少描述俄國沙皇警探的，他們很厲害，很殘暴，我覺得很可怕。」

一九五〇年夏，國學大師陳寅恪全家於廣州。
（fotoe/達志影像授權提供）

另據陳寅恪的學生、也是他「清華」的助教浦江清回憶：「那時候左右分明，中間人難於立足。他不反對共產主義，但他不贊成俄國式共產主義。我告訴他，中國共產黨人未必就是俄國共產黨人。學校是一個整體，假如多數人不離開，可保安全，並且可避免損失和遭受破壞。他認爲我的看法是幻想。」

既然陳寅恪對中共懷有戒心，為什麼沒有到台灣呢？有謂，他並不歡喜國民政府，認為「九一八事變」，政府沒有抗日；而對蔣介石行事的專斷，也甚不滿。

一九四〇年陳寅恪到重慶參加中央研究院會議，因蔡元培辭世，選舉新院長，蔣介石設宴款待全體評議員，並講了話。陳寅恪會後賦詩：

〈庚辰暮春重慶夜宴歸作〉

自笑平生畏蜀游，無端乘興到渝州。
千年故壘英雄盡，萬里長江日夜流。
食蛤哪知天下事，看花愁近最高樓。
行都燈火春寒夕，一夢迷離更白頭。

陳寅恪把詩寄給他的好友吳宓，吳曾有注：

寅恪赴渝，出席中央研究院會議，寓俞大維宅。已而蔣公宴請中央研究院到會諸先生。寅恪於座中初次見蔣公，深覺其人不足爲，有負厥職，故有此詩第六句。

尤有甚者，中研院選院長，按規定，由評議員選出三位候選人，報請國民政府最高領導人圈選一人。正當選舉即將開始，蔣忽然下條子，要大家舉顧孟餘出任。陳寅恪覺得蔣的行為破壞了規則制度，非常不滿，當即表示自己只投胡適的票。

這些都可能是陳寅恪不願隨國民政府赴台的原因。但是，他的選擇卻害苦了自己。

陳寅恪也許覺得他若不過問政治，躲在自己的書房裡，應該還能過著青燈黃卷的歲月。而且，他也真是這樣做了，在嶺南他完成了幾部著作，其中有著名的《柳如是別傳》。一位大學者為一青樓女子寫傳，恐亙古少有。人謂陳寫此書，乃「別有懷抱」。他雖想遠離政治，但政治卻放不過他。北京一直想請他回去，作為新政權對學界的號召。只是他不願被作為工具，先是婉拒，最後生氣了，變成峻拒。

一九五三年「中國科學院」設歷史研究所，下屬三個所，第一所（上古史）由院長郭沫若自兼所長，第二所（中古史）所長陳寅恪，第三所（近代史）所長范文瀾。當年十一月，曾是陳寅恪門生、時任北大歷史系副教授的汪籛，奉命到廣州，促請陳寅恪北返受職。陳晚年的悲劇即由此開始。

十一月二十一日晚，汪籛將郭沫若的信轉交陳寅恪。二十二日晨，陳寅恪即作答覆，可見早胸有成竹，由陳夫人唐筼執筆書寫，提出了擔任所長的兩個條件：

一、允許研究所不宗奉馬列主義，並不學習政治；

二、請毛公或劉公給一允許證明書，以作擋箭牌。

所謂「毛公、劉公」，即指毛澤東與劉少奇。陳寅恪讓唐篔將這兩個條件寫於紙上，讓汪籛帶回北京，以示並非空口無憑。

當時曾任陳寅恪助理的冼玉清與黃萱在場，她們一致勸陳寅恪沒有必要用這樣口氣，陳寅恪倔強地說：「我對共產黨不必說假話。」黃萱問陳寅恪：「如果答應你的條件你又怎麼辦？」陳回答：「那我就去，犧牲也可以。」冼玉清再勸陳寅恪不必如此，陳寅恪說：「我要爲學術爭自由。我自從作王國維紀念碑時，即持學術自由之宗旨，歷二十餘年而不變。」

汪籛忠實而客觀地記錄下每個人的原話，成就了一段驚心動魄的文化史詩。

汪籛所記陳寅恪〈對科學院的答覆〉談話內容：

我的思想，我的主張完全見於我所寫的王國維紀念碑中。當時正值國民黨統一時，立碑時間有年月可查。在當時，清華校長是羅家倫，他是二陳（按：指陳果夫和陳立夫）派去的。我當時是清華研究院導師，認爲王國維是近世學術界最主要的人物，故撰文來昭示天下後世研究學問的人。特別是研究史學的人。

我認爲研究學術，最主要的是要具有自由的意志和獨立的精神。所以我說「士之讀書治學，蓋將以脱心志於俗諦之桎梏」。「俗諦」在當時即指三民主義而言。必須脱掉「俗諦之桎梏」，眞理才能發揮，受「俗諦之桎梏」，沒有自由思想，沒有獨立精神，即不能發揚眞理，即不能研究學術。學說有無錯誤，這是可以商量的。

王國維的學說中，也有錯的，可以商量。我的學說也有錯誤，也可商量，個人之間的爭吵不必芥蒂。我寫王國維的詩，中間罵了梁任公，給梁任公看，梁任公只笑了一笑，不以爲芥蒂。我對胡適也罵過。但對於獨立精神，自由思想，我認爲是最重要的。

我認爲王國維之死……乃以見其獨立之意志。獨立精神和自由意志是必須爭的，且須以生死力爭。正如碑文所示，「思想而不自由，毋寧死耳。斯古今仁賢所同殉之精義，夫豈庸鄙之敢望。」一切都是小事，惟此是大事。碑文中所持之宗旨，至今並未改易。

我絕不反對現在政權，在宣統三年時就在瑞士讀過《資本論》原文。但是，我認爲不能先存馬列主義的見解，再研究學術。

因此，我提出第一條：「允許中古史研究所不宗奉馬列主義，並不學習政治。」其意就在不要桎梏，不要先有馬列主義的見解，再研究學術，也不要學政治。

因此，我又提出第二條：「請毛公或劉公給一允許證明書，以作擋箭牌。」其意是毛公是政治上最高當局，劉少奇是黨的最高負責人。我認爲最高當局也應和我有同樣看法，應從我之說，否則，就談不到學術研究。

你要把我的意見不多也不少地帶到科學院。碑文帶去給郭沫若看。（限於篇幅，〈對科學院的答覆〉有刪節）

一九六二年，陳寅恪在浴室跌跤，右腿折斷，身體江河日下。文化大革命發生，紅衛兵凍結陳寅恪夫婦工資，陳被多次要求寫書面檢查交代，他聲明說：「我生平沒有辦過不利於人民的事情。我教書四十年，只是專心教書和著作，從未實際辦過事。」他珍藏多年的大量書籍、詩文稿，多被紅衛兵洗劫，他有詩自哀：「涕泣對牛衣，卌載都成腸斷史；廢殘難豹隱，九泉稍待眼枯人。」造反派將大字報貼滿了他家牆壁，甚至貼到臥室，貼到枕頭邊。還把喇叭設在他床前，「讓反動學術權威聽聽革命群眾的憤怒控訴」。

在那個舉目所見盡是人性殘酷面的歲月裡，陳寅恪還是得到一些尊敬與溫情。在清華國學院師從陳寅恪的第二屆畢業生劉節，時任中山大學歷史系主任，因為成分問題，政治上過不了關，有人暗示他批判其師陳寅恪以自保，他拒絕。後紅衛兵鬥爭陳寅恪，他挺身而出，代陳接受批鬥。他說，「我的學問遠不及我的老師，今天我能替代他是我的光榮。」在政治混局裡，劉節逢年過節仍去拜候老師，甚至行跪拜禮。

一九六九年十月七日，陳寅恪因心力衰竭且驟發腸梗阻麻痺逝世。十一月二十一日，唐篔亦逝。

陳寅恪雖然對國民黨有所不滿，但對共產黨戒懼也深，他究竟有沒有想離開大陸到台灣的念頭？中央研究院院士余英時曾經根據陳寅恪晚年所寫《論再生緣》，認定他是未能逃離中國大陸，以至受困嶺南。他說：

「陳先生決定留在廣州不走，是因爲他覺得已無地可逃……但是避地海外的念頭有時也會在他的腦海中一閃而過……一九四九年一月在從上海到廣州的船上，他有詩句說『避地難希五月花』……這至少表示在他的觀念中，到海外避難也不是完全不能考慮的。」

最後，直接的證據找到了，一份以「中央研究院歷史語言研究所」的名義發給「台灣警務處」的電報底稿，由史語所所長傅斯年以毛筆書寫：「查本所專任研究員兼第一組主任陳寅恪先生自廣州攜眷來台工作，茲附上申請書四紙，敬請惠發入境證是荷。」時間是民國三十八年五月三十一日。

陰差陽錯，豈僅是陳寅恪個人的不幸，也是中國學術界和整個國家的不幸。

自冰心和巴金於一九九〇、二〇〇五年先後謝世，因政權更替而留在大陸的頂尖學者，至此凋零殆盡。如今數風流人物，能看今朝？

原載二〇二一年八月十三日《聯合報・副刊》

梅貽琦，眞正君子 一代斯文

他辦大學，重大師不重大樓；他掌管庚款，太太卻擺攤養家

梅貽琦過世後，祕書清理遺物，在病床下發現一個手提包，是梅校長經常提著的。大家不知裡面裝著什麼東西，當衆打開，原來是庚款的帳本，每一筆帳都記得清清楚楚，明明白白。

梅貽琦夫婦。　　(國立清華大學圖書館珍藏資料)

梅貽琦

梅貽琦（一八八九—一九六二），字月涵，天津市人，是著名的教育家。一九〇九年考取庚子賠款獎學金赴美留學，入伍斯特理工學院研究電機工程，回國後在清華學校執教英文、幾何；清華學校改制清華大學，任校長。抗戰期間，北大、清華和南開三校在昆明合組「國立西南聯合大學」，他和北大蔣夢麟、南開張伯苓共同主持校務，蔣、張禮讓，梅是實際上的「校長」。勝利復原，梅貽琦回到北平清華園，把清華辦成第一流的大學。到台灣，他仍為新竹的清華大學盡力，被稱為「清華大學永遠的校長」。

「所謂大學者，非謂有大樓之謂也，有大師之謂也。」大家都知道這是梅貽琦就任清華大學校長時講的話。梅貽琦本人並不被稱為大師，但是他為學校延攬了成群的大師級教授，也教出許多大師級的學生。

他比大師要「偉大」得多。

梅貽琦原為清華學生，後來成為清華校長，而且，從北京清華經昆明與北大、南開合組西南聯大，到台灣新竹清華，他成為清華大學「永遠的校長」，一輩子都是「清華人」。

一九〇八年，經清朝駐美公使梁誠的努力，美國同意返還部分庚子賠款，清廷利用這筆預算於一九〇九年成立「遊美學務處」，招考學生赴美留學。放榜那天，考生紛來看榜，考上的喜形於色，落榜的未免沮喪。但有一青年不喜不憂的在看榜，使人察覺不出他考取了沒有。實際上，在六百三十名報考學生中，他名列第六。這青年就是梅貽琦。他的從容不迫，不多言語的性格，終身如一。

一九一一年梅貽琦入美國伍斯特理工學院（Worcester Polytechnic Institute）學電機，一九一四年畢業返國，在天津青年會工作一年，第二年入清華學校，教英文、幾何和物理。

一九二八年八月「清華學校」改名「國立清華大學」，羅家倫為首任校長，繼任者為吳南軒，都任期甚短，學生團體勢力大，要求多，前後換了十位校長，一時學校陷於群龍無首狀態。學生會向政府提出校長條件：學識淵博，人格高尚，有能力發展清華。中央反覆斟酌，最後選了梅貽琦。

一九三一年十二月三日，在差不多快一年沒有校長的清華禮堂

梅貽琦。　（國立清華大學圖書館珍藏資料）

中，來了一位氣宇沉穩的中年男子，發表就任校長演說：

本人能夠回到清華，當然是極高興、極快慰的事。可是想到責任之重大，誠恐不能勝任，所以一再請辭，無奈政府方面不能邀准，而且本人與清華已有十餘年的關係，又享受過清華留學的利益，則爲清華服務，乃是應盡的義務，所以只得勉力去做，但求能夠盡自己的心力，爲清華謀相當的發展，將來可告無罪於清華足矣。

他談到對清華的希望，強調教授的重要性：

我希望清華今後仍然保持它的特殊地位，不使墜落。我所謂特殊地位，並不是說清華要享受什麼特殊的權利，我的意思是要清華在學術的研究上，應該有特殊的成就，向高深專精的方面去。辦學校，特別是辦大學，應有兩種目的：一是研究學術，二是造就人材。清華的經濟和環境，很可以實現這兩種目的，所以我們要向這方面努力。我們要向高深研究的方向去做，必須有兩個必備的條件，其一是設備，其二是教授。設備這一層，比較容易辦到，我們只要有錢而且肯把錢用在這方面，就不難辦到。可是教授就難了。

梅貽琦嚴肅的說：

一個大學之所以爲大學，全在於有沒有好教授。孟子說：「所謂故國者，非謂有喬木之謂也，有世臣之謂也。」我現在可以仿照說：「所謂大學者，非謂有大樓之謂也，有大師

之謂也。」我們的智識，固有賴於教授的教導指點，就是我們的精神修養，亦全賴有教授的inspiration。但是這樣的好教授，絕不是一朝一夕所可羅致的。我們只有隨時隨地留意延攬而已。同時對於在校的教授，我們應該尊敬，這也是招致的一法。

梅貽琦重視教授是言行合一的，他就任後有一句名言：

校長的任務就是給教授搬搬椅子，端端茶水的，校長的職責是率領職員為教授服務。

有這種觀念、認識的大學校長，從以前到現在，數得出幾人？他還說：

學校猶水也，師生猶魚也，其行動猶游泳也，大魚前導，小魚尾隨，是從游也。

由於梅貽琦的多方選聘，而又禮遇有加，清華教授群光耀四射，有陳寅恪、葉企孫、潘光旦、馮友蘭、吳有訓、陳岱孫、顧毓琇、陳省身、錢鍾書、華羅庚、葉公超等等。他和老師們所教出的學生，有三人得到諾貝爾獎，包括西南聯大的李政道和楊振寧，新竹清華原子能所的李遠哲。至於兩岸院士級的學者，更是不能計數。

梅貽琦尊重老師，但也科他們以責任。他說：

學生沒有壞的，壞學生都是被教壞的。

為了辦好教育，教好學生，梅貽琦採行「教授治校」原則。教授會由所有教授、副教授組成，其職權包括：審議改進教學及研究事業以及學風的方案，學生成績的考核與學位的授予，從教授中推薦各院院長及教務長。教授會由校長召集和主持，但教授會成員也可自行建議集會。

當有人讚美梅貽琦治校有方，他謙虛地說：

貽琦生長於斯，清華實猶吾廬。就是有一些成績，也是各系主任領導有方。教授中愛看京戲的大概不少，你看戲裡的王帽，他穿著龍袍，煞有介事地坐著，好像很威嚴，很有氣派，其實，他是擺給人看的，眞正唱戲的可不是他。

這是梅貽琦的客氣話，他可不是擺個樣子的「王帽」，由於他得力的領導，清華成為一個學術自由、校園民主的大學，受到各方注目。據經濟學家陳岱孫回憶，一九二九年他到清華教書時，報名人數並不太多，錄取一百五十名學生，報名不過四百人左右。正是在梅貽琦執掌之下，不到十年時間，清華從一所有學術名氣而無學術地位的學校，一躍成為世界矚目的、既有學術地位也有學術名氣的名校。

清華一開始屢換校長，很多校長被「倒」掉，梅貽琦能久任是學校得以發展的主要原因。有人問梅貽琦有何祕訣，他說，大家倒這個，倒那個，就沒有人願意倒梅（楣）。

梅貽琦寡言，連說個笑話都少著筆墨。陳寅恪曾說：

假使一個政府的法令，可以和梅先生說話那樣謹嚴，那樣少，那個政府就是最理想的。

梅貽琦平時少講話甚或不講話，但卻絕不是無話可講，更不是思想貧乏的表現，而是「嘴裡不說，骨子裡自有分寸」。

一九四〇年，梅貽琦在「為清華服務二十五週年公祝會」上的答辭中這樣寫道：

在這風雨飄搖之秋，清華正好像一條船，漂流在驚濤駭浪之中，有人正趕上駕駛它的責任，此人必不應退卻，必不應畏縮，只有鼓起勇氣，堅忍前進，雖然此時使人有長夜漫漫之感，但我們相信，不久就要天明風定。到那時，我們把這條船好好開回清華園；到那時，他才能向清華的同仁校友敢告無罪。

那個年代，國家「風雨飄搖」，一點不假。日軍侵陵，救國還是讀書，成了學生的考慮與選擇。一九三五年底學生有「十二・九」遊行示威運動，北平冀察委員會逮捕清華數十名「進步學生」。同學以為是學校提供的名單，將教務長潘光旦架到大禮堂前接受質問，並有學生揚言要打他。這時梅貽琦穿著灰色長袍，緩步走來，登上台階，對著兩三百名學生，有半分鐘未發一言，然後用平時講話同樣的聲調，慢吞吞的說了五個字：

要打，就打我。

梅貽琦利用個人的聲望與關係，把被捕的學生都保釋出來。

抗日戰爭終於全面爆發，北大、清華和南開奉政府命令西遷昆明，合組「國立西南聯合

抗戰勝利後，西南聯大訓導長查良釗（左起）、北大校長胡適、清華校長梅貽琦、南開大學祕書長黃鈺生合影。（fotoe/達志影像授權提供）

大學」。三校歷史不同，學風各異，三位校長合組「常務委員會」共同管理，後來北大的蔣夢麟和南開的張伯苓「禮讓」梅貽琦擔任常委會主席，成為實際上的「校長」，長期主持校務。梅貽琦像在清華一樣，勇於負責，又謙和有禮。清華大學有庚子賠款的挹注，梅貽琦也分給其他兩校，使三校能不分彼此，融成一體，成就西南聯大為中外教育史上難得一見的泰山北斗。

梅貽琦和張伯苓關係匪淺。梅貽琦畢業於南開中學，校長是張伯苓。他留學回來在清華任教，才半年，就跟老校長報告，他對教書沒有興趣，打算改行。張伯苓說：

你才教書一個學期，怎會知道有沒有興趣？快回去繼續教！

梅貽琦回憶說，他奉師命這一「繼續」，就「繼續」了一輩子。

抗戰時期，聯大師生生活都很清苦。梅貽琦賣掉清華校長的汽車，辭退了司機，他能賺的外快統統拿來補助教師們的困苦生活。一九四〇年後，梅家吃一頓菠菜豆腐湯就是過節了。梅夫人韓涼華為維持家計，上街擺攤賣米糕。

有一批學生要畢業了，邀請校長給他們講最後一課。梅貽琦非常高興的答應了。

這一日，同學們都提前半個小時來到了教室，可臨近上課了，校長還沒來，學生開始有些騷動。就在這時，教室門開了，梅貽琦氣喘吁吁地跑了進來，然後走上講台，盯著同學們，站在那裡大口喘氣。

一位女學生上前遞給了他一杯水，問他去哪了。梅貽琦笑著對大家說：

我剛才在街上給我內人的糕點攤守攤子，她去進貨了，我告訴她八點我有課，她七點半還沒回來，我只好丟下攤子，跑來了。不過，今天點心賣得特好，有錢掙啊！

一席話說完，他的臉上掛著得意的笑容，可學生們好多人都默默地擦起了眼淚。他們聽說過，梅貽琦出任清華大學校長時，立即就破了以前的規矩，把校長所享受的免交電話費、免費米麵供應、冬天免費拉兩噸煤等補助全都撤銷了。他家的日子過得很緊，早不自

一九五六年，原子能和平用途展在「台灣省立博物館」開幕，梅貽琦（中）說明原子爐構造及用法。（聯合報系資料照片）

今日始。君子憂道不憂貧，大概就是指梅貽琦這種人吧！

抗戰勝利，西南聯大結束，三校復原，梅貽琦繼續經營清華大學，但內戰又使國家陷於動亂，一九四九年北平危急，國共兩黨都積極爭取知名學者，梅貽琦當然是一個重要目標，雖然周恩來和吳晗都曾表示希望梅貽琦留下來，但他還是去了美國。「自由」當然是原因之一，更重要的還是那一大筆庚款基金。梅貽琦不去，那筆錢就沒有了。

一九五五年梅貽琦應政府之邀回到台灣，籌備清華大學復校，先設清華原子科學研究所，一度還兼任教育部長。一九六二年因病住院，在醫院裡仍不間斷工作，五月十九日病逝。七十三歲的他，服務兩岸清華四十七年，擔任校長三十一年。他身後安葬於新竹清華的「梅園」。

梅貽琦過世後，祕書清理遺物，在病床下發現一個手提包，是梅校長經常提著的。大家不知裡面裝著什麼東西，當眾打開，原來是庚款的帳本，每一筆帳都記得清清楚楚，明明白白。

直到現在，新竹清華大學每年還能得到這筆款項，較其他大學更有能力發展校務。清華「永遠的校長」，繼續庇佑著清華。

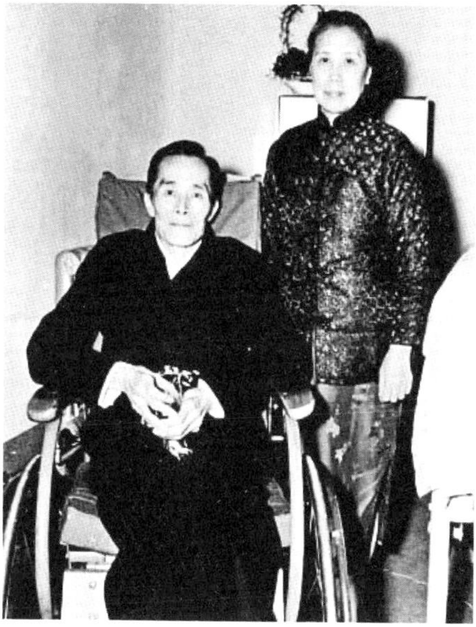

梅貽琦與夫人，合影於一九六〇年。
（聯合報系資料照片）

清大校友會為「清華海峽研究院」在清大租了辦公室，上個月被政治人物指為「引中共入關」，教育部立即勒令解除租約，並進行處分。

叩問在「梅園」安息的梅貽琦校長，兩岸清華仍為一家否？

原載二〇二一年十二月十四日

《聯合報・副刊》

錢穆：對本國歷史應懷有溫情與敬意

從《國史大綱》想到「素書樓」和「歷史課綱」

現行高中歷史把中國史列入東亞史，有學者認為這是在「去中國化」，憂心下一代「沒有史觀」，這也正是錢穆《國史大綱》所拳拳在心的。

錢穆夫妻對弈。 （素書樓文教基金會提供）

錢穆

錢穆（一八九五—一九九〇），字賓四，江蘇無錫人，著名的歷史學家。幼年僅讀過私塾，惟自修不輟。十八歲任教於家鄉小學，後受聘為省立中學教席。民國十九年，因發表《劉向歆父子年譜》成名，受顧頡剛推薦為燕京大學講師，民國二十年先後授課於北京大學、清華大學、燕京大學和北師大等校。抗戰軍興，轉教西南聯大，完成代表作《國史大綱》。內戰起，遷居香港，辦《新亞書院》，後又轉來台灣定居。

世界擾攘，中美兩強相爭。有人指衝突點在經濟和科技，有人認為根本的問題還在文化。中國大陸更有專著論述《文化是明天的經濟》。

一國的歷史是其文化核心。一九三一年「九一八事變」發生，日本指「滿蒙地區」原非中國領土。北大教授傅斯年緊急號召歷史學界連夜編寫《東北史綱》，駁斥日本謊言，使得國聯李頓調查團得出「滿洲是中國完整一部分」的結論，挽救國家於危難。

在傅斯年等人的《東北史綱》之後，自覺「應以一書表國家之安危」者，應是國學大師錢穆。「九一八事變」後，教育部通令將「中國通史」列為大學必修課，因為日本在東北推行日式教育，民眾要學習日文、日本歷史和日本文化，摒棄中國歷史，正是「滅人之國，必先去其史」。

就在這一年，錢穆受聘到北大歷史系任教。錢穆是江蘇無錫人，他父親四十一歲就病

錢穆《國史大綱》書影。（臺灣商務印書館提供）

故，遺言要他努力讀書，但因家庭與時局的關係，他中學未能讀完，十七歲就在鄉間擔任小學老師，他買書自學，後到蘇州中學任教，三十六歲時寫成《劉向歆父子年譜》，指駁康有為的《新學偽經考》，為燕京大學史學教授顧頡剛賞識，推薦到燕京大學講學，後又經胡適延聘，轉入北京大學任教。

作為一個半生研究國學的人，錢穆知道日本文化侵略的嚴重性，一國之人受外國教育，本國文化無人追隨，這文化自然就消亡了，回不來了。此時他起念撰寫《國史大綱》。以後北大西遷昆明，與清華和南開組成「國立西南聯合大學」，錢穆在流離不安的生活環境裡，完成了這部書，有人認為，他在「爲中華文化招魂」。

《國史大綱》書前的序言與常見者不同，是這樣說的：

凡讀本書，請先具下列諸信念：

一、當信任何一國之國民，尤其是自稱知識在水平線以上之國民，對其本國已往歷史，應該略有所知。否則最多只算一有知識的人，不能算一有知識的國民。

二、所謂對其本國已往歷史略有所知者，尤必附隨一種對其本國已往歷史之溫情與敬意。否則只算知道了一些外國史，不得云對本國史有知識。

三、所謂對其本國已往歷史有一種溫情與敬意者，至少不會對其本國已往歷史抱一種偏激的虛無主義，即視本國已往歷史爲無一點有價值，亦無一處足以使彼滿意。亦至少不會感到現在我們是站在已往歷史最高之頂點，此乃一種淺薄狂妄的進化觀。而將我們當身種種罪惡與弱點，一切諉卸於古人。此乃一種似是而非之文化自譴。

四、當信每一國家必待其國民具備上列諸條件者比數漸多，其國家乃再有向前發展之希望。否則其所改進，等於一個被征服國或次殖民地之改進，對其國家自身不發生關係。換言之，此種改進，無異是一種變相的文化征服，乃其文化自身之萎縮與消滅，並非其文化自身之轉變與發皇。

學術界人士認為，以上四點，表面看是錢穆在國學衰微之時，勸勉國人重拾歷史研究，發現過去的好，相信未來有希望。如果這個前言加上一個戰亂紛擾的年代，成書之時，一半疆土已陷入敵手。時局衰微，誰也不知道明天、明年將會是什麼情況。所以，錢穆應是希望他的著作能讓人們在日本的侵略下，記得自己還是個中國人，是華夏文明的繼承者。萬一哪一天被占領，還能夠奮起反抗，而不是被同化。

《國史大綱》的書寫過程，避不開當時中國所處的環境，同樣有「顛沛流離」之苦。錢穆在「書成自記」中，說明了學校的播遷，講學的前後，師生的互動，與在敵機轟炸中完成書稿的艱辛。

二十六年秋，盧溝橋倭難猝發，學校南遷，余藏平日講通史筆記底稿數冊於衣箱內，挾以俱行。取道香港，轉長沙，至南嶽。又隨校遷滇，路出廣西，借道越南，至昆明。文學院暫設蒙自，至是輾轉流徙，稍得停蹤，則二十七年之四月也。自念萬里逃生，無所靖獻，復爲諸生講國史，倍增感慨。學校於播遷流離之餘，圖書無多，諸生聽余講述，頗有興發，而苦於課外無書可讀，僅憑口耳，爲憾滋深。因復有意重續前三年之綱要，聊助課堂講述之需，是年五月間，乃自魏晉以下，絡續起稿，諸生有志者相與傳鈔，秋後，學校又遷回昆明，余以是稿未畢，滯留蒙自，冀得清閒，可以構思。而九月間空襲之警報頻來，所居與航空學校隔垣，每晨抱此稿出曠野，逾午乃返，大以爲苦。乃又轉地至宜良，

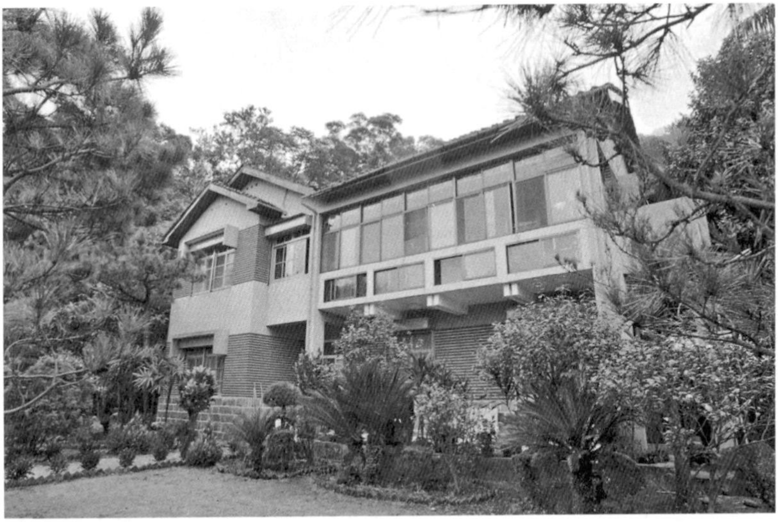

錢穆故居「素書樓」。（聯合報系資料照片）

居城外西山岩泉下寺，續竟我業。而學校開課之期已至。昆明塵囂居隘，不得已，乃往來兩地間。每周課畢，得來山中三日，紬繹其未竟之緒。既乏參考書籍，又僕僕道塗，不能有四天以上之寧定。余嘗致書友人，謂此書雖垂成，而非意所愜。何者？細針密縷，既苦書籍之未備，大刀闊斧，又恨精神之不屬，蓋此書屬稿中之實況也。

「中華人民共和國」在大陸建立，錢穆遷居香港，辦「新亞書院」，後到台灣講學，再決定遷台定居，看中台北市「東吳大學」附近的一塊土地，自行設計「素書樓」圖樣，交付工程人員規畫動工。但事聞於蔣中正總統，交代蔣經國由政府負責興建。錢穆於一九六八年住進「素書樓」，在此研究、

錢穆手書。（素書樓文教基金會提供）

著述、講學，凡二十年。一九八八年台北市議員周伯倫及時任立法委員的陳水扁，在議會提出質詢，謂「素書樓」乃公家土地，錢穆不當占用，迫其搬遷。一九九〇年六月錢家遷出「素書樓」，在台北市自購住宅居住，此時錢氏已兩眼全盲，不能適應新環境，三個月後，於八月三十日逝世。

二〇一〇年八月，錢穆逝世二十週年紀念，錢夫人胡美琦女士撰文說：

> 當年兩位蔣總統禮賢下士，定要由政府蓋素書樓，他們不是隨便作此決定。賓四（錢穆字）接受政府的禮遇，也經過了一番深思。「素書樓事件」的發生，有關政治領袖人物的智慧，以及中國傳統「士」人的風格氣節，這不是一件小事。
>
> 我們認定素書樓是國家賓館，不是台北市政府的宿舍。當年兩位蔣總統是公開興建素書樓的……時代變了，禮賢下士的時期在台灣已經結束。所以我們只有搬出素書樓，才能替兩位去世的蔣總統表明當年建賓館並不爲私。

錢穆在香港辦的「新亞書院」，首屆畢業生有今天的歷史學家、中央研究院院士余英時。錢氏一九九〇年八月在台灣病逝，在美國普林斯頓大學任教的余英時，曾寫〈猶記風吹水上鱗〉一文追悼老師。其中有兩段文字提到《國史大綱》，看得出作為一代大師，錢穆對研究學問的開放胸懷。

大概在一九五〇年秋季開學不久，我爲了想比較深入地讀《國史大綱》，曾發憤作一種鉤玄提要的工夫，把書中的精要之處摘錄下來，以備自己參考。我寫成了幾條之後，曾送呈錢先生過目，希望得到他的指示。這大概是我第一次在課外向他請教。錢先生的話我至今還記得。他說：「你做這種筆記的工夫是一種訓練，但是你最好在筆記本上留下一半空頁，將來讀到別人的史著而見解有不同時，可以寫在空頁上，以備比較和進一步的研究。」他的閒閒一語對我有很深的啓示，而且他透露出他自己對學問的態度。《國史大綱》自然代表了他自己對一部中國史的系統見解，但是他並不認爲這是唯一的看法，而充分承認別人從不同的角度也可以得出不同的論點，初學的人則應該在這些不同之處用心，然後去追尋自己的答案。用今天的話說，錢先生的系統是開放的，而不是封閉的。這個意思，他在《國史大綱》的「引言」和「書成自序」中也隱約地表示過，但是對我而言，究竟不及當面指點，直湊單微，來得親切。從此以後，我便常常警惕自己不能武斷，約束自己在讀別人的論著——特別是自己不欣賞的觀點——時，儘量虛懷體會作者的用心和立論的根據。

從《國史大綱》的背景和意義，不能不想到今天台灣高中歷史課綱的爭議。高中歷史把中國史列入東亞史，有學者認為這是在「去中國化」，憂心下一代「沒有史觀」，這也正是錢穆《國史大綱》所拳拳在心的。不過另一些人士則認為，中國歷史過去太重視帝王將相、朝代更迭，未免過於狹隘，應把中國放在東亞全局裡來展示。

雙方各有說詞，但仍不免教人想起錢穆的話，一國國民「應對其本國已往歷史有一種溫情與敬意」。否則「其所改進，等於一個被征服國或次殖民地之改進……無異是一種變相的文化征服，乃其文化自身之萎縮與消滅……」

讀之悚然。

原載二〇二一年四月十六日《聯合報．副刊》

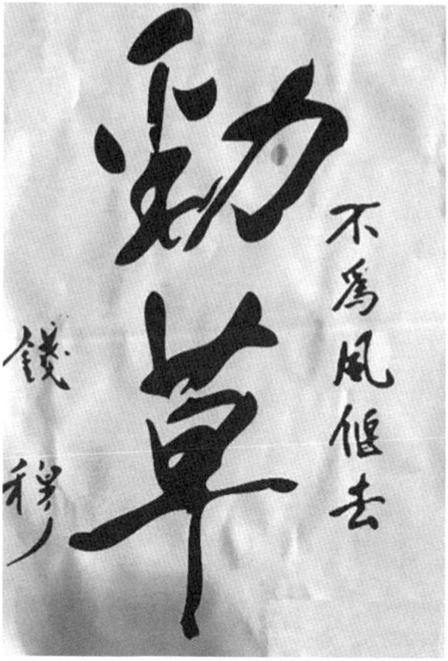

錢穆手書。

（素書樓文教基金會提供）

看梁啟超認眞罵人

罵得徐志摩無地自容，罵得袁世凱未能稱帝

據說，袁世凱知道梁啟超寫〈異哉所謂國體問題者〉這篇文章，曾著親信謁梁，贈以巨金，希望他不要發表，為梁拒絕。如果梁啟超收了那筆錢，擱下這篇文章，也許中國的近代史要重寫，而梁啟超個人的歷史地位也將是另一個樣子。

青年時的梁啓超。　(Alamy/達志影像授權提供)

梁啟超

梁啓超（一八七三—一九二九），字卓如，別號任公、「飲冰室主人」，廣東新會人，中國近代著名政治家、思想家、史學家、文學家，為康有為弟子，共同發起公車上書、維新變法。其子、媳思成、思永、林徽音等均有盛名。梁啓超曾應聘為清華大學國學研究院導師，與王國維、陳寅恪、趙元任並稱「四大導師」。他一生著述有一千四百萬字，其間的《新民說》長文，對孫中山的革命起了「鼓動風潮，造成時勢」的作用。

清末民初以來的知識分子，論文章之豐盛及影響力之巨大，恐無過於梁啟超者。僅《飲冰室合集》就有四十冊，一百四十九卷，一千四百萬字。

戊戌政變後，梁啟超避難日本橫濱，辦《新民叢報》，從光緒二十八年到三十二年（一九〇二年—一九〇六年），以「中國之新民」為筆名，在《新民叢報》上發表二十篇〈新民說〉，呼籲中國人民要自覺，要從帝國時代「皇帝的臣民」，轉化爲「現代國家之國民」，並講述現代國民所應有的條件和準則，對當時的中國發生極大的「啟蒙作用」，連在湖南鄉下的少年毛澤東都抄寫傳讀。論者認為，文章鼓動的風潮，替孫中山的革命開了路。

不過以梁啟超的單篇文章來說，有兩篇流傳後代，尤令世人難忘。一是在婚禮上致詞，痛責新郎徐志摩和新娘陸小曼有虧倫常，應深自悔悟，使兩人無地自容；一是發表〈異

在天津的梁啓超書齋「飲冰室」。 （Alamy/達志影像授權提供）

哉所謂國體問題者〉的評論文章，引起全國反對浪潮，使袁世凱「洪憲稱帝」的夢想破滅。

一九一八年，徐志摩經其前妻張幼儀的哥哥張君勱的介紹，成為梁啟超的入室弟子。徐聰慧，甚得梁器重，自英留學返國，助師處理英文文牘事宜，亦頗得力。

徐志摩與張幼儀離婚，追求林徽音未遂，與另一名媛陸小曼結婚，而陸則是「停夫再嫁」，與當時的社風輿情，頗有違逆。他們懇請梁啟超作證婚人，胡適作介紹人，希望借重這兩位大名士的聲望，以平息社會議論。不料在證婚席上，梁啟超厲聲指責新郎和新娘行為不檢，要痛切悔改，重新做人。這樣的證婚詞史上少見。

徐志摩和陸小曼的婚禮是一九二六年十月三日在北平「六國飯店」舉行，梁啟超的證婚詞是這樣說的：

志摩、小曼，你們兩個都是過來人，我在這裡提一個希望，希望你們萬勿再做一次過來人。婚姻是人生的大事，萬萬不可視作兒戲。現時青年，口口聲聲標榜愛情，試問，愛情又是何物？這在未婚男女之間猶有可說，而有室之人，有夫之婦，侈談愛情，便是逾矩了。試問你們爲了自身的所謂幸福，棄了前夫前妻，何曾爲他們的幸福著想？古聖有言：己所不欲，勿施於人，此話當不屬封建思想吧，建築在他人痛苦之上的幸福，有甚麼榮耀，有甚麼光彩？

徐志摩，你這個人性情浮躁，所以在學問方面沒有成就；你這個人用情不專，以至於離婚再娶。小曼，你要認眞做人，你要盡婦道之職。你今後不可以妨害徐志摩的事業……你們兩人都是過來人，離過婚又重新結婚，都是用情不專。以後要痛自悔悟，重新做人！願你們這是最後一次結婚！

身為新人的徐志摩、陸小曼自是羞愧難當，而賓客們也是驚愕不已。證婚詞講完後，禮堂裡鴉雀無聲，過了好一會兒大家才清醒過來。生性秉正的梁啟超，有率真如此者。說了這些重話，梁啟超好像還沒「消氣」，又寫信給他在美國讀書的子女重述此事：

孩子們：

我昨天做了一件極不願意做之事——去替徐志摩證婚，他的新婦是王受慶夫人，與志摩戀愛上才和受慶離婚，實在是不道德之極。我屢次告誡志摩而無效，胡適之、張彭春苦苦爲他說情，到底以姑息志摩之故，卒徇其請。我在禮堂演說一篇訓詞，大大教訓一番，新人及滿堂賓客，無一不失色，此恐是中外古今所未聞之婚禮矣！今把訓詞稿子寄給你們一看。青年爲感情衝動不能節制，任意決破禮防的羅網，其實乃是自投苦惱的羅網，眞是可痛，眞是可憐。徐志摩這個人，其實聰明，我愛他不過。此次看著他陷於滅頂，還想救他出來，我也有一番苦心。老朋友們對於他這番舉動，無不深惡痛絕，我想他若從此見擯於社會，固然自作自受，無可怨恨。但覺得這個人太可惜了，或者竟弄到自殺。我又看著他找得這樣一個人做伴侶，怕他將來苦痛更無限，所以想對於那個人當頭一棒，盼望他能有覺悟（但恐甚難），免得將來把志摩弄死，但恐不過是我極癡的婆心便了。

品性上不曾經過嚴格的訓練，眞是可怕。我因昨日的感觸專寫這一封信給思成、徽音、思忠們看看。

民十五年十月四日　爹爹

梁啟超的觀察似乎不錯，徐志摩和陸小曼的婚姻並不幸福。陸不知持家，用錢上有失輕重，後來還吸食鴉片。徐志摩為了多賺錢，不得不兼差，他最後不幸遇上空難，可能與各處奔波不無關係。唯徐逝世後，小曼曾獨力編成《志摩全集》，為後來十卷本的《徐志摩全集》奠立基礎。

梁啟超信中提到陸小曼的前夫王受慶是王賡的字。王的家世很好，他一九一一年畢業於清華大學，同年赴美留學，讀過密西根、哥倫比亞和普林斯頓三個大學，最後畢業於西點軍校。一九一八年回國，在外交和國防部門服務，一九二〇年與陸小曼結婚，王做事認真，陸喜愛交際，生活並不協調。王賡與徐志摩原爲好友，王忙於公務，託徐志摩多陪陸小曼，終至演成婚變。徐、陸結婚那天，王賡還派人送了賀禮。一九四七年政府任命王賡為駐美軍事代表團團員，赴任途中病故於開羅。

梁啟超另一篇言論〈異哉所謂國體問題者〉，雖然流傳沒有「證婚詞」來得廣，但它關乎國家的命運，算得上是「歷史文獻」，應該更受到重視。

共和肇始，革命黨人為求國家統一，孫中山讓臨時大總統職位予袁世凱，袁卻唆使楊度等六人組「籌安會」，指中國不適合共和國體，應實行君主立憲，並在報章上頻頻發表文章鼓吹。楊度在《君憲救國論》中說：

> 中國人程度低，共和決不能立憲，只有君主才能立憲。與其共和而專制，不如立憲而行君主。且共和國選舉總統時容易發生變亂，國家永無安寧之日。計唯有易大總統爲君主，

使一國元首立於絕對不可競爭之地位，庶幾足以止亂。

他並稱袁世凱為「當時全民有權威有聲望之人，未有敢冒言其非者」。民國將改元「洪憲」，袁世凱登基大典都準備好了。為了杜悠悠眾口，當局更加緊箝制言論，支持共和的報紙均遭到鎮壓，但一九一五年八月二十日上海《大中華月刊》發表梁啟超的文章〈異哉所謂國體問題者〉，力言更改國體之危險。而全國性重要報紙如《中報》、《時事報》等也迅速轉載。

梁啟超指出，他從前致力變法維新，就是追求「君主立憲」，所以無愛於共和國體。可是今天共和已成，若驟然再予改變，恐導致動亂，有亡國之可能。

〈國體〉全文九千七百三十七字，他諄諄告誡的那段話是這樣說的：

夫國體本無絕對之美，而惟以已成之事實爲其成立存在之根原；欲憑學理爲主奴而施人爲的取捨於其間，寧非天下絕癡妄之事？僅癡妄猶未足爲深病也；惟於國體挾一愛憎之見，而以人爲的造成事實，以求與其愛憎相應，則利害之中於國家將無已時。故鄙人生平持論，無論何種國體，皆非所反對；惟在現行國體之下，而思以言論鼓吹他種國體，則無論何時皆反對之。昔吾對於在君主國體之下而鼓吹共和者嘗施反對矣，吾前後關於此事之辯論，殆不下二十萬言，直至辛亥（宣統三年，一九一一年）革命既起，吾于其年九月猶

位於北京植物園裡的梁啓超墓。 (Shutterstock提供)

著一小冊，題曰新中國建設問題，爲最後維持舊國體之商榷。吾果何愛於其時之皇室者，彼皇室之僇辱我豈猶未極？茍微革命，吾至今猶爲海外之僇民耳。後以當時皇室政治種種予人以絕望，吾非童騃，吾非聾聵，何至漫無感覺？顧乃冒天下之大不韙，思爲彼亡垂絕之命，豈有他哉？以爲若在當時現行國體之下，而國民合群策群力以圖政治之改革，則希望之遂或尚有其期；舊國體一經破壞，而新國體未爲人民所安習，則當驟然蛻變之數年間，其危險苦痛將不可思議。不幸則亡國恆於斯，即幸而不亡，而緣此沮政治改革之進行，則國家所蒙損失，其何由可贖？嗚呼！前事豈復忍道。

梁啟超的文章鼓動人心民氣，他的學生蔡鍔在雲南首先組成討袁的「護國軍」，其他各省也紛紛獨立，逼得袁世凱不得不取消稱帝的念頭，於一九一六年六月六日羞憤以終。

據說，袁世凱知道梁啟超寫「國體」這篇文章，曾著親信謁梁，贈以巨金，希望他不要發表，為梁拒絕。如果梁啓超收了那筆錢，擱下這篇文章，也許中國的近代史要重寫，而梁啓超個人的歷史地位也將是另一個樣子。

什麼叫「人品考驗」，什麼叫「關鍵時刻」，這就是。

梁啟超懍然以對袁世凱的威脅利誘，是對國家人民的「忠」；忍痛以對徐志摩的師生情誼，是對倫理綱常的「誠」。有此忠誠，乃有斯人。

梁啟超生於一八七三年，歿於一九二九年，五十六歲「英年早逝」，葬於現今北京植物園的一角，當年屬偏僻之地，故未受紅衛兵破壞。梁啟超與夫人李蕙仙合葬，墓由黃土色花崗石雕築而成，墓前豎立著凸字型墓碑，碑陽鐫刻「先考任公府君暨先妣李太夫人墓」，碑陰鐫刻「中華民國二十三年十月男思成、思達、思忠、思永、思禮，女思順、思莊、思懿、思寧，媳林徽音、李福曼，孫女任孫敬立」。

二〇〇〇年隆冬，筆者隨同友人到北京，在梁啟超長孫、梁思成和林徽音獨子梁從誡導引下，謁梁啟超墓，大家恭恭敬敬的行了三鞠躬禮。

原載二〇二一年五月十四日《聯合報．副刊》

母如得人，兒請父事

新冠疫情使人無意間在紐約遇上張幼儀

一九三九年阿歡滿二十一歲時，張幼儀問他想要個什麼樣的妻子，阿歡回答說，「我只對漂亮姑娘感興趣。」這話使張幼儀傷心，因為那讓她想起他父親徐志摩，「我一直覺得他父親要的，是個比我女性化、又有魅力的女人。」

徐志摩（右）說他和張幼儀的婚姻就像是「小腳與西服」不相稱。（Alamy/達志影像授權提供）

徐志摩

徐志摩（一八九七—一九三一），浙江海寧人，中國著名的新月派現代詩人、散文家，家庭富裕，曾留學英國，一生追求「愛」、「美」與「自由」，先娶張幼儀，後離婚，追求林徽音不成，娶陸小曼，央其師梁啓超為證婚人，不料梁氏在證婚詞中大罵他們兩人離婚再嫁娶之不道德，新人固難堪，賓客亦愕然。後在張幼儀倡議下，前台北故宮博物院院長蔣復璁和著名學者、徐志摩好友梁實秋，合編《徐志摩全集》六大卷，後人增補為十大卷。

張幼儀

張幼儀（一九〇〇—一九八九），江蘇寶山人，為張君勱和張公權之妹，一九一五年嫁於詩人徐志摩，生子徐積鍇、徐德生（早夭），一九二二年離婚，徐志摩再娶陸小曼。張幼儀於一九五三年再嫁醫生蘇紀之，蘇一九七二年病逝，幼儀移居美國與子積鍇同住，由其侄孫女張邦梅協助，撰寫她的口述回憶錄《小腳與西服》。

新冠肺炎席捲全球，紐約是疫情最嚴重地區之一。筆者的幾位朋友悶在家中太久，想出去透口氣。他們去了著名的「芬克里夫墓園」（Ferncliff Cemetery and Mausoleum），六十三英畝風景區一樣的地方，鳥語花香，遊客絕少，卻「遇見」很多安息在那裡的名人，包括蔣宋美齡、宋子文、孔祥熙、顧維鈞，沉浸並回顧了一段民國歷史。最令人想不到的，他們還「遇上」了張幼儀。

張幼儀這個名字很多人未必知道，但在她周圍的人可都赫赫有名：前夫徐志摩，「情敵」陸小曼、林徽音，二哥張嘉森（君勱），是民國時代三大政黨之一「中國民主社會黨」創始人、中華民國「憲法之父」，四哥張嘉璈（公權）是銀行家，曾任中央銀行副總裁和中央信託局局長；她的師友輩是梁啟超、林長民、胡適之、梁實秋、張奚若、張彭春、梁思成、金岳霖、羅家倫等等，都是一時俊彥。

張幼儀與徐志摩於一九二二年離婚，三十一年之後，一九五三年居住在香港的張幼儀，寫信問住在美國的兒子徐積鍇：

「爾在美國，我在香港，相隔萬里，晨昏誰奉？母擬出嫁，兒意云何？」

向兒子詢問對自己再婚的意見，本不易啟齒，張幼儀寫得言簡意約，有禮有節。回信來了：

「母孀居守節，逾三十年。生我撫我，鞠我育我，劬勞之恩，昊天罔極。今幸粗有樹立，且能自贍，諸孫成長，全出母訓。綜母生平，殊少歡愉，母職已盡，母心宜慰，誰慰母氏？誰伴母氏？母如得人，兒請父事。」

感恩母親撫鞠，期盼母親幸福，鼓勵母親邁出新的一步。文字真誠典雅，可與李密的〈陳情表〉古今輝映。

「母親有適當的人結婚，我必以待父親之禮待他。」這教張幼儀大為寬慰，一九五三年，五十三歲的張幼儀在香港與醫生蘇紀之結婚。兩人在一起生活了二十年，一九七二年蘇紀之病逝，張幼儀辦完喪事，即到紐約與兒孫同住。一九八九年以八十八歲高齡辭世，安葬在紐約市郊芬克里夫墓園，墓碑上刻著「蘇張幼儀」四個字。這個大半生坎坷飄泊的女子，最終在異國安息。她的鄰居都是民國顯赫人物，除了蔣宋美齡、宋子文、孔祥熙、顧維鈞之外，還有美國名星裘迪嘉倫和瓊克勞馥等等，她應該不會寂寞。

徐積鍇小名阿歡，生於一九一八年，是張幼儀和徐志摩的長子。就是那一年，徐志摩去英國劍橋留學，愛上了時在倫敦的「中國第一才女」林徽音。但張幼儀並不知道，她千里尋夫，跑到英國投奔徐志摩，冰天雪地中生了第二個孩子徐德生，徐志摩卻棄他們母子於不顧，回國找他的「最愛」林徽音去了。但林徽音情歸梁思成，徐志摩後來娶了另一名媛陸小曼。徐德生不久夭折，是張幼儀永遠的痛。

據《民國紅粉》一書記載，一九三九年阿歡滿二十一歲時，張幼儀問他想要個什麼樣的妻子，阿歡回答說，「我只對漂亮姑娘感興趣。」這話使張幼儀傷心，「因爲那讓我想起他父親，我一直覺得他父親要的，是個比我女性化、又有魅力的女人。」但是，張幼儀還是尊重兒子的心願，替他選擇了名叫張粹文的漂亮女孩。為了不讓張粹文重蹈自己當年「讀書不多」的覆轍，張幼儀專門請來老師，給她上英、法、德、中的文學課程，以便

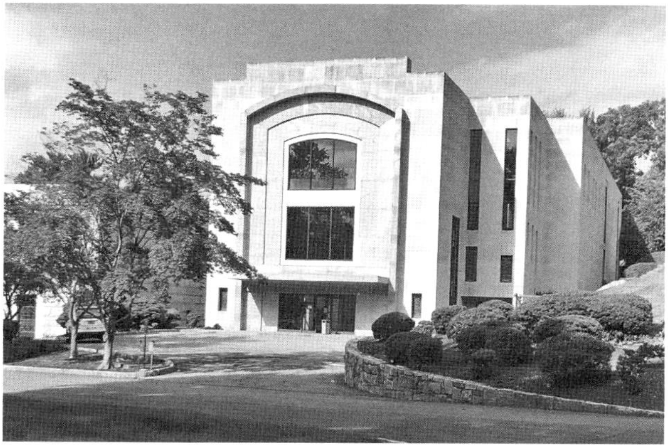

張幼儀長眠的墓園，也是蔣宋美齡、顧維鈞的安息之地。
（陳怡樺攝影）

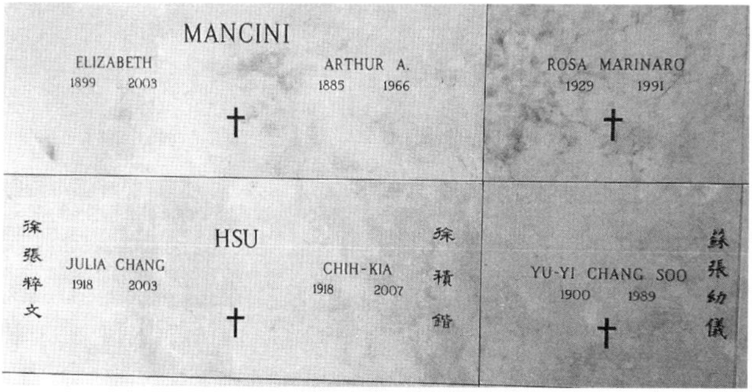

張幼儀墓碑上冠上第二任先生的姓，「蘇張幼儀」。她的兒子徐積鍇與媳婦就在她旁邊。
（陳怡樺攝影）

使她充實自己，才貌雙全。

徐積鍇畢業於國立交通大學（上海）土木工程系，獲學士學位，後留學美國，在哥倫比亞大學研究院獲得碩士學位。一九四七年，徐積鍇、張粹文夫婦移居美國。

一九四九年四月，張幼儀離開大陸遷居香港。她的樓下鄰居蘇紀之醫生與妻子離婚，帶著一個女兒和三個兒子生活。經過一段時間的交往，蘇紀之向張幼儀求婚，張幼儀分別向二哥、四哥徵求意見。四哥張公權始終沒有答覆。二哥張君勱一會兒發來電報說「好」，一會兒又改變主意說「不好」。在反覆躊躇之後，這位新儒學代表人物又來信，要妹妹「自決」：

「兄不才，三十多年來，對妹孀居守節，課子青燈，未克稍竭綿薄。今老矣，幸未先填溝壑，此名教事，兄安敢妄贊一詞？妹慧人，希自決。」

可能令人難以相信，這位留日學生，中國當時有名的哲學家和政治家，竟然認為孀居三十多年的妹妹要改嫁，是「名教」之事。

在這種情況下，張幼儀只好給遠在美國的兒子阿歡寫信，得到「母如得人，兒請父事」的答覆。阿歡表現出的以人為本的現代文明價值觀和道德意識，不知乃舅認同否？

一九七二年，安葬完丈夫後，張幼儀搬到美國紐約住在兒子家附近，過著簡單規律的生活。

張幼儀的八弟張禹九也住在美國，他是「新月社」成員，非常欣賞徐志摩。他的孫女張邦梅在圖書館查閱資料時，偶然得知自己的姑婆張幼儀竟是徐志摩的前妻，於是有了兩個人之間持續多年的訪談紀錄。

面對張邦梅的反覆追問，張幼儀關於徐志摩的最後結論是：

你總是問我，愛不愛徐志摩。你曉得，我沒辦法回答這個問題。我對這問題很迷惑，因爲每個人總是告訴我，我爲徐志摩做了這麼多事，我一定是愛他的。可是，我沒辦法說什麼叫愛，我這輩子從沒跟什麼人說過「我愛你」。如果照顧徐志摩和他家人叫作愛的話，那我大概愛他吧。在他一生當中遇到的幾個女人裡面，說不定我最愛他。

張幼儀以「棄婦」身分自歐返國後，努力自學自立，在四哥公權的協助下，開過女子商業儲蓄銀行，辦過實業，頗有成就。徐志摩仍在時，張幼儀就侍奉他父母，也照顧他，連衣釦掉了都替他縫上。徐志摩猝逝，張幼儀更多方協助他的家人，包括缺少生活能力的陸小曼。

張邦梅用英文寫的《*Bound Feet and Western Dress*》有中文譯本《小腳與西服：張幼儀與徐志摩的家變》。

梁實秋在〈談徐志摩〉一文中，曾這樣評價張幼儀：

「她沉默地堅強地過她的歲月，她盡了她的責任，對丈夫的責任，對夫家的責任，對兒子的責任——凡是盡了責任的人，都值得令人尊重。」張幼儀不僅令人尊重，更令人敬佩。

原載二〇二〇年十一月二十日《聯合報・副刊》

第五部

教育救國，豈在朝野？

西南聯大：茅屋大學，大師教出大師

從那個窮學校的紀念碑文，懷想那個時代和那些人

後世讀史者綜合評論，西南聯大真正的成功因素，在「思想自由」、「學術獨立」。老師怎麼講課，學校概不過問，全由學生自己選擇評斷。

國立西南聯合大學校門。
(Alamy/達志影像授權提供)

抗戰勝利，三校復原，聯大結束，學校立碑為長遠紀念，由文學院院長馮友蘭撰文，是參觀聯大故址必遊之景點。
(張作錦/攝影)

蔣夢麟

蔣夢麟（一八八六—一九六四），別號孟鄰，浙江餘姚人，是中國著名的教育家。青年時曾在上海就讀「南洋公學」，一九〇九年留學美國，於取得哥倫比亞大學博士學位後回國服務。一九一九年「五四運動」爆發，蔡元培辭去北大校長，託蔣夢麟代理，從此與北大結不解之緣，先後任北大校長、教育部長多次。一九四九年來台後，長期主持「農復會」，並負責建設「石門水庫」。

張伯苓

張伯苓（一八七六—一九五一），天津人，中國近代教育家。早年畢業於北洋水師學堂航海科，隨艦實習，在甲午之戰目睹北洋水師全軍覆亡。後到美國哥倫比亞大學研修高等教育。是南開大學、南開中學系列學校的創始人及校長。抗日戰爭時期的「國立西南聯合大學」，他和梅貽琦、蔣夢麟是三位「常務委員」之一。他也是考試院行憲後首任院長。

梅貽琦

梅貽琦（請見本書第一九〇頁）

（以上圖片皆由fotoe/達志影像授權提供）

《楊振寧傳》由「天下文化」出了增訂本，作者江才健在書中說：有人問楊振寧，他一生最大的貢獻是什麼？他回答說：「幫助改變了中國人自己覺得不如人的心理作用」。

楊振寧和李政道是在一九五七年合得諾貝爾物理學獎。當是時也，台灣風雨飄搖，驚魂未定；大陸則是百廢待舉，一窮二白。這樣的「中國人」當然會覺得「不如人」，而兩位青年學者能得到諾貝爾獎，而且是中國長期最弱的科學項目，自然給中國人精神上莫大的鼓舞，覺得未必「不如人」。

最令人激動的，是這兩位青年不是出自名城、名校，而是從中國偏遠地區、三餐不繼、茅草房教室、敵機不停轟炸那個樣子的學校走出來的——它是對日抗戰時期，設在昆明的「國立西南聯合大學」。

很多人說，這所只存在了八年的「最窮大學」，卻是「中國教育史上的珠穆朗瑪峰」。

聯大八年畢業了兩千多名學生，除了走出兩位諾貝爾獎得獎人之外，還為兩岸中國貢獻了四位國家最高科學技術獎獲得者、八位「兩彈一星」元勛，一七一位台灣中研院和大陸科學及工程兩院院士，以及一百多位人文大師。

如此成績，濟歟盛哉，舉世少見。

抗戰勝利後，西南聯大結束，學校決定樹碑以為長遠紀念，由文學院院長馮友蘭撰寫碑文，全文一一七八字，紀述建校始末及歷史意義。

中華民國三十四年九月九日，我國家受日本之降於南京，上距二十六年七月七日盧溝橋之變爲時八年，再上距二十年九月十八日瀋陽之變爲時十四年，再上距清甲午之役爲時五十一年。舉凡五十年間，日本所鯨吞蠶食於我國家者，至是悉備圖籍獻還。全勝之局，秦漢以來所未有也。

國立北京大學、國立清華大學原設北平，私立南開大學原設天津。自瀋陽之變，我國家之威權逐漸南移，惟以文化力量與日本爭持於平津，此三校實爲其中堅。二十六年平津失守，三校奉命遷於湖南，合組爲國立長沙臨時大學，以三校校長蔣夢麟、梅貽琦、張伯苓爲常務委員主持校務，設法、理、工學院於長沙，文學院於南嶽，於十一月一日開始上課。迨京滬失守，武漢震動，臨時大學又奉命遷雲南。師生徒步經貴州，於二十七年四月二十六日抵昆明。旋奉命改名爲國立西南聯合大學，設理、工學院於昆明，文、法學院於蒙自，於五月四日開始上課。一學期後，文、法學院亦遷昆明。二十七年，增設師範學院。二十九年，設分校於四川敘永，一學年後併於本校。昆明本爲後方名城，自日軍入安南，陷緬甸，乃成後方重鎮。聯合大學支持其間，先後畢業學生二千餘人，從軍旅者八百餘人。

河山既復，日月重光，聯合大學之戰時使命既成，奉命於三十五年五月四日結束。原有三校，即將返故居，復舊業。緬維八年支持之苦辛，與夫三校合作之協和，可紀念者，蓋有四焉：我國家以世界之古國，居東亞之天府，本應紹漢唐之遺烈，作並世之先進，將來建國完成，必於世界歷史居獨特之地位。蓋並世列強，雖新而不古；希臘羅馬，有古而無今。惟我國家，亙古亙今，亦新亦舊，斯所謂「周雖舊邦，其命維新」者也！曠代之偉業，八年之抗戰已開其規模、立其基礎。今日之勝利，於我國家有旋乾轉坤之功，而聯合大學之使命，與抗戰相終始，此其可紀念一也。文人相輕，自古而然，昔人所言，今有同慨。三校有不同之歷史，各異之學風，八年之久，合作無間，同無妨異，異不害同，五色交輝，相得益彰，八音合奏，終和且平，此其可紀念者二也。萬物並育而不相害，道並行而不相悖，小德川流，大德敦化，此天地之所以為大。斯雖先民之恆言，實為民主之真諦。聯合大學以其兼容並包之精神，轉移社會一時之風氣，內樹學術自由之規模，外來民主堡壘之稱號，違千夫之諾諾，作一士之諤諤，此其可紀念者三也。

稽之往史，我民族若不能立足於中原、偏安江表，稱曰南渡。南渡之人，未有能北返者。晉人南渡，其例一也；宋人南渡，其例二也；明人南渡，其例三也。風景不殊，晉人之深悲；還我河山，宋人之虛願。吾人為第四次之南渡，乃能於不十季間，收恢復之全功，庾信不哀江南，杜甫喜收薊北，此其可紀念者四也。聯合大學初定校歌，其辭始嘆南遷流離之苦辛，中頌師生不屈之壯志，終寄最後勝利之期望；校以今日之成功，歷歷不爽，若合符契。聯合大學之始終，豈非一代之盛事、曠百世而難遇者哉！爰就歌辭，勒為碑銘。銘曰：痛南渡，辭宮闕。駐衡湘，又離別。更長征，經嶢嵲。望中原，遍灑血。抵絕徼，繼講說。詩書喪，猶有舌。儘笳吹，情彌切。千秋恥，終已雪。見仇寇，如煙滅。起朔北，迄南越，視金甌，已無缺。大一統，無傾折，中興業，繼往烈。維三校，兄弟列，爲一體，如膠結。同艱難，共歡悅，聯合竟，使命徹。神京復，還燕碣，以此石，象堅節，紀嘉慶，告來哲。

碑文一千多字，就是一萬多字也未必說得清楚西南聯大成功的原因。後人認為，是那些知識分子想保住中國文化血脈，他們意識到，「國家亡了可以復興，文化亡了就全亡了」。由此，他們雖是一個「最窮的學校」，卻也是一個「最有志氣的學校」。

聯大初始，由北大校長蔣夢麟、清華校長梅貽琦和南開校長張伯苓組成常務委員會共同主持校務，但為了事權集中，蔣夢麟和張伯苓推讓梅貽琦為常委會主席，就是實際上的「校長」，長期主持校務。

那麼梅貽琦會不會有什麼特權呢？他賣掉了清華校長的汽車，辭退了司機。他能賺的外快統統拿來補助教師們的困苦生活。一九四〇年後，梅家吃一頓菠菜豆腐湯就是過節了。梅夫人韓咏華爲維持家計，上街擺攤賣米糕。

校長固然窮，老師也清寒。物理系教授吳大猷為了給妻子治病，每天像乞丐一樣到菜市場撿剩骨頭給太太熬湯。「詩人教授」聞一多，掛牌治印，以賺錢養家。農學教授費孝通的女兒在凌晨寒風中出生，家已毀於敵機轟炸，他只能用唯一的西裝上衣裹著孩子。

老師窮，學生也苦。他們失去了家庭支援，每月只靠學校發的約二十元補助金過生活。

雖然清苦，但師生精神剛毅堅卓。為躲避日機轟炸，教授們住得很分散，有的每天要步行幾十里路來上課，但從不遲到。學生認真學習，老師認真研究，大家爭取分分秒秒。

數學大師華羅庚的屋子被炸後，到西郊鄉下找了個牛圈，把牛圈上頭堆草的樓棚租下來。牛住下頭，華羅庚一家住上頭。但就是在這樣的牛棚裡，他攻克了十多個世界級數學難題，為世界數學史開創了一門新學科——矩陣幾何學。

錢穆的代表作《國史大綱》，也是在防空洞裡完成的。空襲警報一響，他就抱著這本書的手稿往防空洞跑，深怕書稿有所閃失。

大家都知道梅貽琦一句名言，「所謂大學者，非謂有大樓之謂也，有大師之謂也。」西南聯大老師的名單沒法列舉，因為它匯集了三百多位中國學術界頂尖人物。拿陳寅恪來說好了，他能用十三種文字閱讀，學問博大精深，被傅斯年譽為「近三百年來第一人」。他教歷史，旁徵博引，指點中西，完全聽得懂的學生可能不多，但馮友蘭、吳宓等這些教授們都去旁聽，所以他被譽為「教授中的教授」。

如果認為聯大只是「迷信」大牌教授，那就錯了。一九三八年十一月，學校做了一件震驚全國的決定，聘請「鄉下人」沈從文為教授。他小學沒有畢業，更沒有學術論著。但梅貽琦說，「我看中的是才華」。

後世讀史者綜合評論，西南聯大真正的成功因素，在「思想自由」、「學術獨立」。老師怎麼講課，學校概不過問，全由學生自己選擇評斷，譬如賀麟欣賞王陽明「心外無理說」，反對理在心外，而馮友蘭的思想觀點，正好相反。學生轉系也非常簡單，填一張表就行了，有學生讀了七年，轉了好幾個系才畢業。在重慶的教育部曾要求聯大，學生必修「三民主義」，行政主管必須為國民黨黨員，學校都未理會。有學生撰文說：「即使三民主義是正確無誤的理論，也得在思想的市場上自我證明」。必有這樣的老師，才會有這樣的學生。西南聯大舊址，如今還豎著一塊石碑，寫著「育才先育人」。梅貽琦說：「教授責任不盡在指導學生如何讀書，如何研究學問。凡能領導學生做學問的教授，必能指導學生如何做人」。這個做人標準，就是聯大所標榜的：違千夫之諾諾，作一士之諤諤。

北大中文系教授陳平原幾年前寫過一篇文章，感嘆現在大學校園裡的故事少了。圍繞西南聯大的故事綿綿密密，其中有一個最為動人。筆者個人因到昆明探親之故，二十年來三訪聯大故址。每次徘徊在校園裡，想到讀過的這則故事，輒熱淚盈眶。

學生徒步三千公里來到昆明，但西南聯大沒有校舍，主要租借民房、中學、會館上課。為了恢復正常的教學功能，學校把大部分經費用來購買了圖書和設備。

梁思成、林徽音夫婦來到昆明後，梅貽琦請兩人為西南聯大設計校舍。兩人欣然受命，一個月後，一個一流的現代化大學躍然紙上。但這個一流設計方案立即被否定，因爲學校拿不出這麼多經費。此後兩個月，梁思成把設計方案改了一稿又一稿：高樓變成矮樓，矮樓變成平房，磚牆變成土牆。當梁思成夫婦交出最後圖稿時，聯大建設長黃鈺生滿臉無奈地說：「除了圖書館屋頂可以使用青瓦，實驗室可以使用鐵皮之外，其他建築的屋頂一律覆蓋茅草，磚頭和木料再減一半，麻煩您再作一次調整。」

梁思成忍無可忍，衝進校長辦公室，把設計圖狠狠砸在梅貽琦辦公桌上。「改！改！改！你還要我怎麼改？茅草房？每個農民都會蓋，要我梁思成幹什麼？」梅貽琦把圖紙一張張收好，歉疚地說：「思成，以你的大度，請再諒解我們一次。」梁思成接過圖紙，喉嚨哽咽住了：「你知不知道農民蓋一幢茅草房要多少木料？你給的木料連蓋一幢標準的茅草房都不夠！」

梅貽琦喉結上下滾動，聲音幾近顫抖：「思成，等抗戰勝利後回到北平，我一定請你來建一個世界一流的『清華園』，算是我還給你的……行嗎？」

半年後，一幢幢茅草房鋪滿了西南聯大校園。

沒有大樓，但出了大師。從此中國的高等教育，也就有了一個高等的瞻望。

原載二〇二一年二月十六日《聯合報．副刊》

容閎，「兩個祖國」之間有解乎？

「中國留學生之父」致力送幼童去美讀書目的在救中國，豈料今天中美勢若水火

如今，容閎的「第一祖國」中國已經強大了，正與他的「第二祖國」美國廝殺搏鬥中。「第一祖國」的強盛，是容閎終身努力的目標，而「第二祖國」使他成為一個文明有用之人。容閎泉下有知，不知怎樣自解？

一八七二年清朝第一批留美幼童準備自上海出發。　(fotoe/達志影像授權提供)

容閎

容閎（一八二八—一九一二），號純甫，廣東省香山縣人，七歲隨父至澳門，先後就讀英、美傳教士所辦之學校，後由一位美籍老師帶到美國讀中學，再考入耶魯大學，是耶魯第一位中國學生。他的英文自傳《*My Life in China and America*》，譯成中文《西學東漸記》，成為當時的暢銷書。他回到中國，倡議派幼童赴美留學，自一八七二到一八七五年，派出四批共一二〇名幼童到美國讀書，因守舊派大臣阻撓，未能繼續。

據「美國國際教育研究所」發布的統計，二〇一九—二〇二〇學年度，外國學生在美國留學的人數，中國大陸三十七萬五千人，居第一位；印度十九萬三千人，第二；南韓四萬九千，第三；台灣二萬三千人，第七。把台灣和大陸加起來，兩岸中國青年同時在美國讀書的，將近四十萬人，不是一個小數字。

大家不妨猜一下，當一八四七年那個年代，中國在美留學生有多少人？答案是只有一個人。沒有錯，只有一個人，那就是容閎。

容閎從落後的滿清帝國「偶然」到了美國。當他受了新式教育，深覺中國落後太多，立志要透過西方教育來救中國。他畢生只努力做一件事——送小留學生到美國念書。

一八二八年歲末，容閎出生於廣東省香山縣，是孫中山的同鄉。因他故鄉鄰近當時葡萄牙殖民地澳門，而澳門又是西方傳教士最早聚集的地方，因而得風氣之先。一八三五年，容閎七歲，就隨父親到了澳門，先後進入德國和英國傳教士辦的學校，接觸到西方教育和思想。

一八四六年他的美國老師布朗突然宣布要回國，為表示對這所學校的感情，願意帶幾名學生去美國讀書。容閎第一個站起來表示願意去，於一八四七年初坐輪船到了紐約。另外有兩名學生也去了，但都有始無終。

容閎起初在麻省的蒙森學校完成大學預科，一八五〇年進入耶魯大學，一八五四年以「有史以來第一個畢業於美國第一流大學的中國學生」完成學業，並獲得了「相當於中國秀才」的文學士學位，也同時確定了他未來救中國的志向和目標。

一九〇九年容閎在美國出版了一本英文自傳《*My Life in China and America*》，一九一五年首次被翻譯成中文出版，書名《西學東漸記》。以後有各種譯本，也各有不同的書名，最簡略的叫《容閎自傳》。

他在「自傳」中指出：

整個大學階段，尤其是最後一年，中國的可悲境況經常出現在我的腦海，令人感到心情沉重。當我意志消沉時，往往想反而不如根本不受教育，因爲教育已經明顯地擴展了我的心靈境界，使我深深感到自身的責任，而茫然無知的人是絕體會不到這一點的。我爲了求學，遠涉重洋，由於勤奮克己終於達到了渴望已久的目的。我可以自稱是一個受過教育的人；那麼，就應該自問：「把所學用在什麼地方呢？」在大學的最後一年即將結束以前，我心裡已經計畫好了將來所要做的事情。我決定使中國的下一輩人享受與我同樣的教育。如此，通過西方教育，中國將得以復興，變成一個開明、富強的國家。

一八五四年十一月十三日，容閎懷著對闊別七年多祖國的無限熱忱，踏上了歸國的路。他是這樣描寫當時的心情的：

對我來說畢生最有意義最熱中的一件大事即將開始。投身於這項事業的第一步是回到祖國。我雖然去國甚久，但無時無刻不在懷念她，無時無刻不渴望她走向富強。

坐輪船航行一萬三千哩，走了一百五十四天，一八五五年四月十六日容閎回到香港，然後返鄉探親。接下來是考察中國國情，準備推展他「留學救國」的抱負。

一八五五年六月至八月，在他的家鄉，容閎看到了一次慘絕人寰的大屠殺。兩廣總督葉名琛因太平天國起義而濫殺百姓冒功，三個月屠殺了七萬五千無辜的人民。容閎痛心的說：

這次大屠殺在現代文明的記載中是無與倫比的，即使嗜殺成性的暴君如凱里古拉

（Caligula）及尼羅（Nero），甚至法國大革命，也不免爲之黯然失色。

容閎回憶當時的感受，說道：

> 從刑場回家後，我感到渾身一點氣力也沒有了，神經緊張，夜不能寐。白天所見景象，激起了我的思緒。我當時想，太平天國叛軍確實有充足的理由推翻滿清王朝。我完全同情他們，並且確實想去參加太平軍。可是冷靜地思索一番，我還是退回到我留學救國的原有計畫。

容閎先後在廣州和上海，於美國外交官伯駕（Peter Parker）和總稅務司李泰國（Horatio Nelson Lay）那裡任職，待遇豐厚，但是容閎覺得這些工作與達成他的理想沒有幫助，所以辭職不幹。對朋友的不解和責難，他在「自傳」中辯解：

容閎。（Alamy/達志影像授權提供）

> 人到世界上來，不單單是爲活著而勞碌，我曾爲求學而不得不努力工作，因而就覺得應該使所學到的微薄知識發揮其最大作用，造福全民，而不是僅爲自身利益著想。

一八五九年，容閎來到了當時太平天國與清朝軍隊對峙的地區，並因而「得到一個考察民間實際情況的機會」。經過戰爭，本來人口極其稠密的長江中下游地區變得人煙稀少，雙方軍隊劫掠後，人民所受災難極深。容閎說：

應該給中國人民一個拯救自身、解決自己問題的機會。

在回上海的途中，容閎根據所見所聞，對太平軍的起源、性質及重要性進行了全面的研究。他認為：

叛亂和革命在中國歷史上屢見不鮮，但都只不過是政權的更迭而已。清王朝的腐敗無能和弊政，是促成太平天國起義的主要原因。

容閎指出：

這次叛亂的唯一良好後果，就是上帝藉助它作爲動力，打破了一個偉大民族的死氣沉沉的氣氛，使我們覺醒，意識到需要有一個新國家。

一八六三年二月，容閎的朋友、曾國藩的幕僚張斯佳給容閎來信，讓他到安慶去見曾國藩。曾國藩當時權傾一時，容閎敏銳地意識到這是一個實現其教育計畫千載難逢的良機。九月容閎到了安慶，知道曾國藩計畫在中國建立一座西洋機械廠。為了實現自己的教育計畫，容閎必須先取得曾國藩的信任，他答應曾國藩到美國採購機器，並於一八六五年完成任務回國。由於這次任務辦得十分出色，容閎不僅成了正五品的候補地方官，並贏得了曾國藩的信任。他又建議曾國藩在兵工廠內附設一所兵工學校，也得到曾國藩的採納，這使容閎受到極大鼓舞，決定提出他送幼童去美留學的教育計畫。

一八七〇年天津教案發生，曾國藩奉調直隸總督，丁日昌等大臣都到了天津處理教案。容閎借機提出其教育計畫，經過大家協商，以曾國藩領銜聯署的奏摺，飛遞入京。是年冬，清廷硃批「著照所請」。

接下來，籌設「幼童出洋肄業局」，遴選官員，選拔幼童，設立預備學校。終於，一八七二年夏，第一批幼童三十人橫渡太平洋，踏上了留學美國的道路。他們於一八七二年九月十四日抵達，次日《紐約時報》有新聞報導。以後一八七三、一八七四、一八七五年，又有三批小留學生也到達了美國，總共一百二十人，平均年齡十二歲。容閎被委任為留學生總監和駐美副公使。在歷史上，大家也稱他為「留學生之父」。

按照計畫，這些學生將在美國學習十五年，外加兩年遊歷，以驗證所學。而他們在國內預備學校學習中西文一年多，合計將近二十年的樹人計畫，不能謂不宏遠。繼曾國藩主政的李鴻章曾說：求洋人擅長之技，而為中國自強之圖。

可是容閎「留學救國」的理想，李鴻章「師夷之長技以制夷」的心願，卻遭遇了挫折。這些孩子到美國後，不能不受美國文化的影響，有的信奉了基督教，有的甚至剪掉了辮子，在有些中國人的眼裡都是離經叛道的事，駐美公使陳蘭彬更是不滿，屢屢上奏朝廷撤回留美學生。正值此時，第四批小留學生來美，中國本想讓他們讀軍校，但為美國拒絕，國內廷臣大譁，陳蘭彬更藉機奏請撤回小留學生，朝廷批准，除了少數學生自願留下外，其餘全數回國。

這場衝突容閎並不十分意外，他說：

因爲我這個教育計畫的基本原則和宗旨與中國原有的教育理論是相牴觸的。同時，中國政府的保守思想極爲牢固，一旦招致反對，我的計畫輕而易舉地就會被毀滅。

容閎還直指陳蘭彬這些人說：

他們對一切進步和改革或促使中國前進的任何措施都切齒反對，完全按中國標準來衡量一切事物和人。在新英格蘭的影響下，這些學生的行爲和態度隨著學識和年齡的增長，逐漸有了緩慢但是明顯的變化，文化和環境使他們的言談舉止大不同於剛剛踏上新英格蘭土地時的樣子。像陳蘭彬這樣的人，他生來只習慣於看到被壓抑的青春，不容學生有發揮活力和獨立精神的舉止。

儘管容閎費盡周章，一八八一年全體學生仍被迫返回中國。雖然如此，幼童留美計畫還是有若干成效，如後來成名的「中國鐵路之父」詹天佑，民國首任國務總理唐紹儀，北洋大學創始人蔡紹基和清華大學校長唐國安等人，都有所作為。

由於以往大家把視線過多放在容閎派遣留學生方面的貢獻，就常常忽略了他的思想和政治立場。其實，容閎也是一位思想敏銳而成熟的人物。他考察過太平天國，他曾依附曾國藩，並幫助他辦洋務，但他並不寄望於大清王朝，而是希望改造中國。一八九八年，戊戌變法時期，容閎的家裡成了維新派人士聚集的地方，容閎因此受到牽連，只得離開北京逃往上海，並在那裡繼續開展憲政運動。

隨著革命形勢的高漲，容閎又參與了孫中山領導的革命事業。一九〇〇年九月一日，容閎變裝易服與孫中山、容星橋等乘「神戶丸」赴日。容閎與孫中山一見如故，徹夜長談，縱論謀求強國富民之道。十一月，清廷公開通緝容閎等「要匪」。一九一一年十月十日，辛亥革命爆發，容閎給孫中山等人寫信，聲稱「中國人民正處於自己主權的最高峰」，呼籲革命黨人順從「民聲」，建立自主、獨立的民主共和國。一九一二年，孫中山就任中華民國臨時大總統，寫信邀請容閎回國參加建設。但是年四月十二日，容閎在美國康州哈特福市（Hartford）寓所逝世，享年八十四歲，次日《哈城日報》和《紐約時報》都刊登消息讚揚容閎為學者、政治家及新中國運動的先驅。雖然容閎娶了美國太太，入了美國國籍，很多美國人仍評價他：「從頭到腳，身上每一根神經纖維都是愛中國的。」

教育救國的先驅——容閎老年影像。
（fotoe/達志影像授權提供）

美國早期漫畫，介紹容閎在康乃狄克州為中國學童設辦的學堂。
（fotoe/達志影像授權提供）

容閎在「自傳」序言裡有一段話，正可用來作為對他自己一生的評價：

> 推行我的教育計畫，是我對中國不可磨滅的熱愛，同時也是我認爲使中國走向改革和復興最適宜的辦法。

容閎被安葬在康州哈特福雪松嶺墓園（Cedar Hill Cemetery）。筆者二〇〇九年春天曾往參拜。墓園很幽靜，容閎家族的墓地在墓園十號區。他的鄰居有兩位名人，一位是美國著名影星、奧斯卡金像獎最佳女主角凱瑟琳·赫本，另一位是美國有名的銀行家J·P·摩根。

墓碑前的地上，有一塊一九七二年立的花崗岩碑，簡短地介紹了容閎的生平事蹟。碑文由當時中華民國教育部長蔣彥士撰寫，紀念一八七二年容閎首次帶領小留學生到達美國一百週年。碑文是這樣寫的：

容閎先生紀念碑

先生字純甫，清才朗識，淹博多通，為我國學生留學美國之第一人。歸國後，力主遣幼童留學國外，當軸者納其言。一八七二年乃遴選學生三十人，由先生攜以赴美，遂開我國派遣留學生之先河。而中美文化交流，亦以此為嚆矢也。

自先生初次攜學生赴美，至今適屆一百週年。尋聲考跡，想高躅于當年；振鐸揚芬，播景行於終古。維茲俊哲，實系人思。爰泐碑文，借申虔慕。

中華民國教育部部長蔣彥士敬撰

一九七二年八月

蔣彥士立碑到現在，又五十年了。

如今，容閎的「第一祖國」已經強大了，正與他的「第二祖國」廝殺搏鬥中。「第一祖國」的強盛，是容閎終身努力的目標，而「第二祖國」使他成為一個文明有用之人。容閎泉下有知，不知怎樣自解？

原載二〇二二年四月十五日《聯合報．副刊》

張元濟，他的印書館走出十位大學校長

清末進士參與變法失敗，致力平民教育救國並把一家出版社變成集才館、儲才館和育才館

由於中共早年就派人進入「商務印書館」做「工作」，商務在上海、北京都有工潮。一九四九年底，張元濟在北京商務工會成立大會上致詞時，突然中風倒地，留下半身不遂的後遺症。在台北的王雲五於〈張菊老與商務印書館〉一文中，將他病倒歸因於在工會中受到「侮辱」。

光緒二十七年（一九〇一年），張元濟投資上海商務印書館。
(Alamy/達志影像授權提供)

張元濟

張元濟（一八六七—一九五九），號菊生，浙江海鹽人，出身名門，光緒十八年中進士，曾任刑部主事和總理各國事務衙門章京。甲午戰後，投身維新運動，支持光緒新政。戊戌變法失敗，被清廷革職，遠走上海，任南洋公學譯書院院長。隨後投資商務印書館，以推動「知識普及」及「大衆教育」救國家。當選中央研究院第一屆院士。「新中國」成立，商務被「公私合營」，他主持工會會議時，病倒在會場。

提起近代中國的教育家，大家一定會想到北大校長蔡元培。但是，商務印書館負責人張元濟，亦不遑多讓。蔡元培的教育在學校，張元濟的教育在社會。蔡元培是「菁英教育」，張元濟是「平民教育」。蔡元培的學生不過成千上萬，張元濟的「受業弟子」則是千千萬萬。

懷著這樣的敬意，二〇〇九年我到上海，專程去瞻仰「張元濟故居」。沿著淮海中路，一邊找一二八五弄二十四號，一邊在腦海裡「編整」張元濟這一生。

張元濟，字菊生，生於清同治六年，即公元一八六七年，祖籍浙江海鹽。那個時代的青年自然要讀書求功名。他縣試、鄉試都名列前茅，入京會試得中進士。三次考試都與蔡元培「同年」，名次也高於蔡。蔡元培留任翰林，張元濟任刑部主事，不久升為總理衙門章京。

張元濟的宦途雖然平坦，但國家的命運卻非常坎坷。外國不斷大軍壓境，中國不斷割地賠款。張元濟開始重視西學，學習英文，並與友人合辦「通藝學堂」，推展新式教育，希望能以這些努力裨益國家。

年輕的光緒皇帝一心想有所作為，改變清王朝腐敗無能的局面，他如飢似渴地閱讀介紹西方新知識的書籍。負責給皇上採辦新書的任務交給了總理衙門，最後落到章京張元濟頭上。張元濟後來回憶說：

難得的是這位生於深宮，長於阿保之手的專制皇帝，居然有新思想、新見解。那時，元濟正在總理衙門供職，皇上希望看新書，差不多天天都有條子到衙門裡要書，都是我承辦的。

當時北京城的書肆，充斥的都是經、史、子、集之類傳統的國學書籍，有關西方新知識的書不多見。張元濟只好以自己所藏的書，連同向親友借來的新書，呈送光緒閱覽，每次進呈書籍都要署上「總理各國事務衙門章京臣張元濟呈」的字樣。張元濟晚年還清楚地記得其中有一部黃遵憲編著的《日本國志》，是光緒指名要看的書。

一八九八年六月十一日（光緒二十四年四月二十三日），光緒帝頒布《明定國是詔》，開始了史稱「百日維新」的變法改革。

六月十三日，翰林院侍讀學士徐致靖上《密保人才折》，向光緒保薦康有為、黃遵憲、譚嗣同、張元濟與梁啟超等五人。徐致靖對張元濟的評價是：

熟於治法，留心學校，辦事切實，勞苦不辭。在京師創設通藝學堂，集京官大員子弟講求實學，日見精詳。若使之肩任艱大，籌畫新政，必能勝任愉快，有所裨益。

徐致靖的保薦得到光緒的認可，六月十六日在頤和園召見。太監將張元濟引到仁壽殿。屋子裡沒有第三人，只有一君一臣相對。對於這次召見，張元濟後來在《戊戌政變的回憶》一文中有如下描寫：

當時滇越邊境發生劃界的爭執。光緒對我說：我們如果派人到雲南去，要兩個月才會走到，但外國人只要十天、八天就會到達。我們中國道路不通，一切落後，什麼事都趕不上外國，怎麼好和人家辦交涉呢？我說：皇上現在勵精圖治，力求改革，總希望國家能夠一天比一天進步。他聽了之後，嘆口氣說：可是他們都不贊成呀！我當時心裡覺得這位皇帝也夠可憐了，也不便再說什麼。

那時我在北京和一些朋友辦一所通藝學堂，教授英文和數學，學生有四五十人。……光緒對外邊的事很熟悉，他就問到學堂的情形，我把學生人數及所學科目告訴他，他勉勵我幾句：要學生好好的學，將來可以替國家做點事。他還問我一些關於總理衙門的事，光緒就叫我下去罷。問話語氣極爲溫和，但看他面貌殊欠剛健。

封建勢力盤根錯節，力量極為雄厚。相反，以光緒皇帝為首的維新派勢力又是如此的單薄，張元濟一開始就為維新的前途擔憂。但他被年輕皇帝變法圖強的熱忱和孤立無援的處境深深打動，他於九月五日給光緒帝上了《時局艱難變法自強亟宜痛除本病統籌全局以救危亡而成盛業折》，全折約七千字。對光緒帝憂國傷時、變法心切充分的肯定，對滿朝文武、各省封疆大吏一味敷衍搪塞深感痛心，同時也冷靜地指出，光緒雖「疊頒明詔」、「日言變法」，但並沒有「洞見癥結」，找到「受病最深之處」。張元濟具體地提出了五項建議：

一、設議政局以總變法之事；
二、融滿漢之見；
三、通上下之情；
四、定用人之格；
五、善理財之策。

但時不我予，一八九八年九月二十一日，已經忍無可忍的慈禧太后從頤和園趕回紫禁城，囚光緒於瀛台，自己重新「訓政」。持續一百零三天的戊戌維新變法至此以失敗告終。「六君子」死難，康梁出走國外。

政變發生後，張元濟第一個反應是去看大學士李鴻章。對他說：「現在太后和皇上意見不合，您是國家重臣，應該出來調和調和才是。」老謀深算的李鴻章聽後並不吭聲，只是用異樣的眼光盯著他眼前的這位涉世不深的下屬，過了許久，才嘆了一口氣，用無可奈何的口吻說：「你們小孩子懂得什麼！」

滿朝鉤黨任株連，

有罪難逃心自安。

分作纍囚候明詔，

敢虛晨夕誤銜班。

這是張元濟《追述戊戌政變雜詠》中的一首。張元濟列名新黨，十月八日，被朝廷「革職永不敘用」，他攜母南下上海，在李鴻章交代盛宣懷的安排下，在南洋公學擔任譯書院總校，後又代理公學總理，為培養「楨幹大才」，創建了一個特班，以蔡元培為總教習。果然，這個班人才輩出，李叔同、邵力子、黃炎培等人都曾就讀於此。

張元濟堅信教育為立國之本，更逐漸認識到，「菁英教育」雖然有它的價值，但中國今天所需要的，卻是能普及大眾的「平民教育」。多數民眾覺醒，國家才能有救。他給盛宣懷寫信說：

> 國家之政治，全隨國民之意想而成。今中國民智過卑，無論如何措施，終難驟臻上理。國民教育之旨，即是盡人皆學，所學亦無須高深，但求能知處今世界不可不知之事，便可立於地球之上。否則豈有不爲人奴，不就消滅者也。中國號稱四萬萬人，其受教育者度不過四十萬人，是才得千分之一耳。且此四十萬人者，亦不過能背誦四書五經，能寫幾句八股八韻而已，於今世界所應知之事茫然無知也。

商務印書館創始人夏瑞芳（一八七一～一九一四），是江蘇青浦（今屬上海市）人。
（fotoe/達志影像授權提供）

張元濟的主張和志向，引起一個人的注意，他就是「商務印書館」的創辦人夏瑞芳。印刷工人出身的夏瑞芳，憑著自己的才幹和口碑，和幾個同樣工人出身的股東一起，創立了商務印書館，是一個簡陋的小印刷廠，承印一些與商務有關的傳單、帳冊、票據之類，故名「商務印書館」。他自知學問有限，就

早期商務印書館的印刷廠工人作業情形。 (fotoe/達志影像授權提供)

想為商務的發展尋一位真正的高人。張元濟就是他心中理想人選，而張居然也答應了。

張元濟參與做這樣的「小生意」，在很多人看來，是一項犧牲和冒險。張氏所以這樣做，是一位憂國憂民知識分子對文化啟蒙的抱負，對教育國民的責任感。

張元濟到商務，以一首詩表明自己的心志，也以此勉勵商務同仁：

昌明教育平生願，
故向書林努力來。
此是良田好耕植，
有秋收穫仗群才。

以張元濟的中西知識和官場經歷，

一九〇四年，商務印書館成立編譯所圖書室，一九〇九年將此圖書室更名為「涵芬樓」。一九二四年涵芬樓改設東方圖書館，由王雲五命名並任館長，為當時全國最大的公共圖書館。
（王雲五基金會提供）

他立即為商務架起了一座連接學術界、政界和教育界的橋梁。很多知識分子，包括他「同年好友」蔡元培，都來加入。

張元濟到任之初，即為商務確立了以「扶助教育」為核心的出版宗旨，首先是編印一套夠水準的教科書。在蔡元培等人的領導下，於一九〇四年起，陸續推出了初等、高等小學教科書，除國文外，還包括修身、格致、筆算、珠算、中國歷史、中外地理、理科、農業、商業等等，共十六種七十八冊，立即風行全國。

除了主持編纂教科書外，張元濟對西書的中譯亦極為關注。他進館不久

民國三十七年中研院成立二十週年第一次舉行院士會議，前排左三是張元濟，右四為胡適。
(fotoe/達志影像授權提供)

即組織出版了帝國叢書、政學叢書、歷史叢書、財政叢書、商業叢書、地理叢書、戰史叢書、說部叢書、傳記叢書、哲學叢書等一系列叢書和各種中外文辭書，為新知新學的普及傳播推波助瀾。除此之外，尤銳意出版西方經典，其中以嚴復所譯之《天演論》、《原富》等名著和林紓所譯之《茶花女》、《伊索寓言》和眾多小說影響最大，思想界耳目為之一新。

另一方面，張元濟更廣邀高級知識分子參加編譯所，使商務在文化啓蒙、教育發展上，更能發揮領航作用。自一九二〇年至一九二二年間，陸續進館的有陳布雷、周昌壽、謝六逸、鄭振鐸、周建人、李石岑、楊端六、朱經農、竺可楨、任鴻雋、周鯁生、陶孟和、顧頡剛和范壽康等；同時還聘請陳獨秀、胡明復、楊銓等為館外編輯。在兩三年內延聘如此眾多的有名學者和專家，非有大號召力的人曷克臻此。

商務還想請胡適來任編譯所長，接替高夢旦。一九二一年胡利用北大暑假，到商務「實地考察」了一個多月，結論是「我的性情和訓練都不配做這件事」，推薦他在「中國公學」時的英文老師王雲五接任。張元濟與王雲五本不熟悉，但是聽說他曾一個字一個字讀完了一整套《大英百科全書》，驚嘆這樣的毅力真是了得！同時又信任胡適的推薦，立即聘了王雲五，王果然沒有辜負張元濟的厚望，最後成了商務的接班人。

張元濟對文化的理想與抱負，使他把商務看成一個教育機關，努力糾合學者專家一起努力，讓商務完成了文化建國的初步任務。

說是「初步」，因為抗戰來了，日本飛機似乎「專程」來炸毀商務館舍及他創設號稱「遠東第一大圖書館」的「東方圖書館」，館裡有五十萬冊藏書，日本之意似在斲喪中國國民奮起抗戰的精神來源也。

一九四八年四月，張元濟當選首屆中研院院士，但一九四九年中國又要改朝換代了。

新政權建立後，中南海邀張元濟去北京參加政協會議，八十二歲的張元濟以年老辭謝，但上海市長陳毅親自銜命出馬，張只好北上，也想順便處理北京商務的業務。

毛澤東在政協開會前後，兩次接見張元濟。張是與會人士中，唯一一個見過光緒、袁世凱、孫中山、蔣介石和毛澤東五位國家領袖的人。大陸有文章說，張元濟表示，「見了毛澤東才相信中國有希望」。

倒是張元濟親自向毛提了兩條建議：

一是下情上達：「當局措施容有未當，報紙不敢倡言，宜酌登（外界）來稿，以廣言路。」

二是我國幸有統一文字，萬萬不宜自毀：「我國疆域如此遼闊，種族如此複雜，所以能至今團結成一大國者，全恃文字統一。今聞有人倡議以羅馬字改革漢字，萬不可行。」

由於中共早年就派人進入商務做「工作」，商務在上海、北京都有工潮。一九四九年底，張元濟在北京商務工會成立大會上致詞時，突然中風倒地，留下半身不遂的後遺症。在台北的王雲五於〈張菊老與商務印書館〉一文中，將他病倒歸因於在工會中受到「侮辱」。

身子半癱固然不幸，心也半癱對他應是更重大的打擊，張元濟扶病走進故紙堆，以整理國故消磨餘年，於一九五九年八月四日辭世。「幸而」走得早，逃過了文革。

在張元濟主持下的商務雖然走「平民教育」路線，但也是菁英集中地，最後就成了集才館、儲才館和育才館，商務先後走出十位大學校長：

一、高夢旦：一九〇一年浙江大學堂總教習，一九〇九年復旦學堂總監。

二、郭秉文：一九一九年南京高師校長。

三、蔣維喬：一九二五年南京東南大學校長。

四、蔣夢麟：一九二三年北大代校長，一九三一年北大校長。

五、朱經農：一九三一年齊魯大學校長。

六、任鴻雋：一九三五年四川大學校長。

七、何炳松：一九三五年暨南大學校長。

八、竺可楨：一九三六年浙江大學校長。

九、周鯁生：一九四五年武漢大學校長。

十、胡　適：一九四五年北京大學校長。

原載二〇二二年六月十六日《聯合報・副刊》

鄭板橋：風俗偷，則不同爲惡

他關懷社會，忠厚待人，不同流合汙，好品性為書畫盛名所掩蓋

世人多記得鄭板橋所寫「難得糊塗」那四個字，以及傳說中的故事。但就他個人一生來說，他是一個有智慧的人，生命很充實，很有意義，半點都不糊塗。

鄭板橋書法〈難得糊塗〉。 (fotoe/達志影像授權提供)

鄭板橋

鄭板橋（一六九三—一七六八），本名燮，號板橋，江蘇省揚州府人，清朝官員、學者、書畫家，人稱「詩書畫三絕」。一七三六年中進士，曾任山東范縣和濰縣知縣。他為官愛民如子，甚得百姓感戴。乾隆遊山東時，封鄭燮為「書畫史」。他青年時曾在揚州賣畫，致仕後仍回揚州賣畫維生，擅長畫蘭和竹。

(fotoe/達志影像授權提供)

鄭板橋，「揚州八怪」之一，詩書畫三絕，讀書識字的中國人很少不知道他的。「揚州八怪」的共同特點是不隨習俗，不向權貴諂媚，了解民間疾苦，重視思想人品才情。就這些方面來說，鄭板橋的表現尤其令人難忘。他中年從政，只在山東范縣和濰縣做過知縣，是基層小官，但他關懷社會，同情低層民眾，勸人去澆存厚，要做明理的好人。這些美德懿行，被他詩書畫的盛名所遮掩了。

鄭板橋留給後人有字，有畫，還有《板橋詩鈔》和《板橋詞鈔》，但真正讓後人能認識他的，還是他自己刊行的《板橋家書》，有十六封信。當年沒有郵局，關山阻隔，家書抵萬金。能留下十六封信，也不容易了。這些信，都是板橋在為官任內寫給他弟弟鄭墨的，《家書》卷首有他的自序：

〈十六通家書小引〉

幾篇家信，原算不得文章，有些好處，大家看看；如無好處，糊窗糊壁，覆瓿覆盎而已，何以敘爲！鄭燮自題，乾隆己巳。

鄭燮是板橋的本名。他太自謙了，這十六封家書所留給後人的「好處」，不是幾句話能說得清楚的。

在范縣署中寄給他弟弟的第四封信，最能展現板橋的仁愛情懷，對社會各階層的尊重，沒有習見的官家僚氣。

我輩讀書人，入則孝，出則弟，守先待後，得志澤加於民，不得志修身見於世。今則不然，一捧書本，便想中舉人、中進士、作官，如何攫取金錢、造大房屋、置多田產。起手便錯走了路頭，後來越做越壞，總沒有個好結果。其不能發達者，鄉里作惡，小頭銳面，更不可當。夫束修自好者，豈無其人；經濟自期，抗懷千古者，亦所在多有。而好人爲壞人所累，遂令我輩開不得口；一開口，人便笑曰：汝輩書生，總是會說。他日居官，便不如此說了。

愚兄平生最重農夫，新招佃地人，必須待之以禮。彼稱我爲主人，我稱彼爲客户，主客原是對待之義，我何貴而彼何賤乎？要體貌他，要憐憫他；有所借貸，要周全他；不能償還，要寬讓他。

> 吾家業地雖有三百畝，總是典產，不可久恃。將來須買田二百畝，予兄弟二人，各得百畝足矣，亦古者一夫受田百畝之義也。若再求多，便是占人產業，莫大罪過。天下無田無業者多矣，我獨何人，貪求無厭，窮民將何所措足乎！或曰：世上連阡越陌，數百頃有餘者，子將奈何？應之曰：他自做他家事，我自做我家事，世道盛則一德遵王，風俗偷則不同爲惡，亦板橋之家法也。

「風俗偷則不同為惡」，這句話可不能等閒視之。一個有理想的人，尤其是讀書人，本應有「兼善天下」的胸襟懷抱。如果迫於環境，做不到這一點，至少也要能「獨善其身」，不跟別人一起去做壞事。這雖然是一個最低標準，至少仍可維繫社會風俗於墮落崩毀。觀乎今日台灣的政風民情，則更知「不同為惡」之不易及可貴。

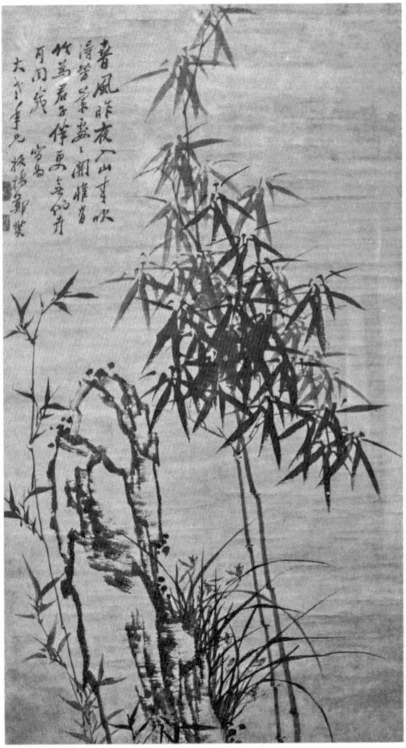

鄭板橋的〈蘭竹圖〉。
(fotoe/達志影像授權提供)

板橋之仁厚，是他一生

做人的態度。「以人為可愛，而我亦可愛矣！」言近而旨遠，後人都應該記得。這是他「淮安舟中寄舍弟墨」所寫的：

以人爲可愛，而我亦可愛矣；以人爲可惡，而我亦可惡矣。東坡一生覺得世上沒有不好的人，最是他好處。愚兄平生漫罵無禮，然人有一才一技之長，一行一言之美，未嘗不嘖嘖稱道。橐中數千金，隨手散盡，愛人故也。

鄭板橋康熙三十二年（一六九三年）生於揚州鄉間一個中產家庭，父親是位秀才，在鄉里設館授徒，板橋隨父讀書，博聞強記。母親逝世，父親續弦，後父親亦逝，板橋幼年生活頗為困頓。二十多歲中了秀才，到三十歲在科舉的路上仍然沒有進展。他曾在〈七歌〉中感慨系之：

鄭生三十無一營，學書學劍皆不成。
市樓飲酒拉年少，終日擊鼓吹竽笙。

那怎麼辦呢？板橋乃從鄉間到揚州賣畫。揚州當時居南北漕運的咽喉，且是全國食鹽供應地，富商很多。但冠蓋滿京華，板橋可是很窮，住不起客棧，在寺廟借住，而他畫的竹子也不受當時人欣賞，但他不願改變畫風，曾有詩明志：

十載揚州作畫師，長將赭墨代胭脂。

寫來竹柏無顏色，賣與東風不合時。

板橋不僅不願放棄畫竹子，而且大大歌頌了竹子高潔與堅韌的特性：

咬定青山不放鬆，立根原在亂崖中，

千磨萬擊還堅勁，任爾東西南北風。

竹子，畫定了，不是東西南北風能影響的。

板橋愈堅持自己的風格，愈沒有收入，乃使生活陷入困境。當時讀書人求發展，只有向仕途上找出路。而入仕先要考試，考試就要讀書。板橋下帷苦讀，也讀出一番心得來，後來以此告誡子弟和後人。他在濰縣寫信給弟弟說：

凡人讀書，原拿不定發達。然即不發達，要不可以不讀書，主意便拿定也。科名不來，學問在我，原不是折本的買賣。愚兄而今已發達矣，人亦共稱愚兄爲善讀書矣，究竟自問胸中擔得出幾卷書來？不過挪移借貸，改竄添補，便爾釣名欺世。人有負於書耳，書亦何負於人哉！

不僅此也，他還有進一步的觀察，批評「過目成誦」的「不濟事」。盲目濫讀的結果，會變成「破爛廚櫃」。他在信裡這樣說：

讀書以過目成誦爲能，最是不濟事。眼中了了，心下匆匆，方寸無多，往來應接不暇，如看場中美色，一眼即過，與我何與也。千古過目成誦，孰有如孔子者乎？讀《易》至韋編三絕，不知翻閱過幾千百遍來，微言精義，愈探愈出，愈研愈入，愈往而不知其所窮。雖生知安行之聖，不廢困勉下學之功也。東坡讀書不用兩遍，然其在翰林院讀《阿房宮賦》至四鼓，老吏苦之，坡灑然不倦。豈以一過即記，遂了其事乎！且過輒成誦，又有無所不誦之陋。即如《史記》百三十篇中，以《項羽本紀》爲最，而《項羽本紀》中，又以鉅鹿之戰、鴻門之宴、垓下之會爲最。反覆誦觀，可欣可泣，在此數段耳。若一部《史記》，篇篇都讀，字字都記，豈非沒分曉的鈍漢！更有小說家言、各種傳奇惡曲，及打油詩詞，亦復寓目不忘，如破爛廚櫃，臭油壞醬悉貯其中，其齷齪亦耐不得。

板橋的家書中，還在在顯露他本性的仁厚篤實，處處為別人著想，認為「為人處，即是為己處」。他說：

愚兄爲秀才時，檢家中舊書簏，得前代家奴契券，即於燈下焚去，並不返諸其人。恐明與之，反多一番形跡，增一番愧恧。自我用人，從不書券，合則留，不合則去。何苦存此一紙，使吾後世子孫，借爲口實，以便苛求抑勒乎！如此存心，是爲人處，即是爲己處。若事事預留把柄，使入其網羅，無能逃脱，其窮愈速，其禍即來，其子孫即有不可問之事、不可測之憂。試看世間會打算的，何曾打算得別人一點，直是算盡自家耳！可哀可嘆，吾弟識之。

再如：

郝家莊有墓田一塊，價十二兩，先君曾欲買置，因有無主孤墳一座，必須刨去。先君曰：「嗟乎！豈有掘人之塚以自立其塚者乎！」遂去之。但吾家不買，必有他人買者，此塚仍然不保。吾意欲致書郝表弟，問此地下落，若未售，則封去十二金，買以葬吾夫婦。即留此孤墳，以爲牛眠一伴，刻石示子孫，永永不廢，豈非先君忠厚之義而又深之乎！夫堪輿家言，亦何足信？吾輩存心，須刻刻去澆存厚，雖有惡風水，必變爲善地，此理斷可信也。後世子孫，清明上塚，亦祭此墓，卮酒、隻雞、盂飯、紙錢百陌，著爲例。

板橋這位「好人」，仕途上似乎沒有「好報」，四十歲才中了舉人，四十四歲中進士。但中了進士並不能立即任官，因為要候缺。等到五十歲，才得任山東范縣知縣。雖是一個芝麻小官，但出門也要鳴鑼喝道，板橋頗不適應。有〈喝道〉詩：

喝道排衙懶不禁，芒鞋問俗入林深。

一杯白水荒途進，慚愧村愚百姓心。

幾年後，板橋調任濰縣知縣。上任第一年，連續發生水災、饑荒和瘟疫。板橋來不及請示上級，即「擅開官倉」為百姓放糧。賑災後，板橋的官也做不成了，但他似有解脫之樂，在一幅畫中題詩云：

誰與荒齋伴寂寥，一枝柱石上雲霄。
挺然直是陶元亮，五斗何能折我腰。

陶元亮就是陶淵明，鄭板橋決定致仕了。「三絕詩書畫，一官歸去來」，這是後人對鄭板橋的讚頌。

無官一身輕的鄭板橋，決定回揚州賣畫維生。他有詩自白：

濰縣三年范五年，山東老吏我居先。
一階未進眞藏拙，隻字無求倖免嫌。

此時的板橋在藝術上已有名氣，有人向他求字求畫，他就為自己的書畫開出了一份價目表——

大幅六兩、中幅四兩、小幅二兩，條幅對聯壹兩，扇子斗方五錢。

雖然是賣畫掙錢，可鄭板橋仍有自己的脾氣。他特意為賣畫一事做了說明：要銀子，不要禮物。

凡送禮物食物，總不如白銀爲妙；公之所送，未必弟之所好也。送現銀則中心喜樂，書畫皆佳。禮物既屬糾纏，賒欠尤爲賴賬。年老神倦，亦不能陪諸君子作無益語言也。

這段話的意思是：別總送些禮物、吃的來討書畫，您送的這些我也未必需要，還都不如銀子好使。您送來銀子，我心裡也高興，書畫品質自然就會高一些。如果要是賒賬的話，就別怪我年老精神不濟了。

說明還不夠，板橋繼之以詩〈潤格〉：

畫竹多於買竹錢，紙高六尺價三千。
任渠話舊論交接，只當秋風過耳邊。

和早年在揚州賣畫時一樣，晚年的鄭板橋還是獨愛畫蘭、竹、石。他曾在畫中題寫了這樣一首詞：

竹也瘦，石也瘦，不講雄豪，只求纖秀，七十老人，尚留得少年氣候。

詩書畫三絕的鄭板橋，認為寫詩要慎選題目。他跟弟弟論詩，列舉了杜甫和陸游所作詩的題目之後，諄諄告誡說：

沉溺湖山，不顧國之大計。是尚得爲有人乎！是尚可辱吾詩歌而勞吾贈答乎！直以《山居》、《村居》、《夏日》、《秋日》、了卻詩債而已。且國將亡，必多忌；躬行桀、紂，必曰駕堯、舜而軼湯武。宋自紹興以來，主和議，增歲幣，送尊號，處卑朝，括民膏，戮大將，無惡不作，無陋不爲。百姓莫敢言喘，放翁惡得形諸篇翰以自取戾乎！故杜詩之有人，誠有人也；陸詩之無人，誠無人也。杜之歷陳時事，寓諫諍也；陸之絕口不言，免羅織也。雖以放翁詩題與少陵並列，奚不可也！

近世詩家題目，非賞花即宴集，非喜晤即贈行，滿紙人名，某軒某園，某亭某齋，某樓某岩，某村某墅，皆市井流俗不堪之子，今日才立別號，明日便上詩籤。其題如此，其詩可知，其詩如此，其人品又可知。吾弟欲從事於此，可以終歲不作，不可以一字苟吟。慎題目，所以端人品，厲風教也。若一時無好題目，則論往古，告今來，樂府舊題，盡有做不盡處，盍爲之。

世人多記得鄭板橋所寫「難得糊塗」那四個字，以及傳說中的故事。但就他個人一生來說，他是一個有智慧的人，生命很充實，很有意義，半點都不糊塗。

一七六六年（乾隆三十年）辭世，七十三歲。

原載二〇二一年十月十八日《聯合報・副刊》

光緒皇帝學英文

看看那群外國人苦苦愛中國的「區區愚誠」

花之安（Ernst Faber）是德國傳教士，他在《教化議》一書的序言中說：「余入中國傳道有年，於政治得失、教化興廢、民生利弊，亦頗深稔。僅就管見所及，陳其利弊，非敢干預國政，聊盡友直之心矣。」益友有三，友直居首，不正是中國文化素所強調的嗎？

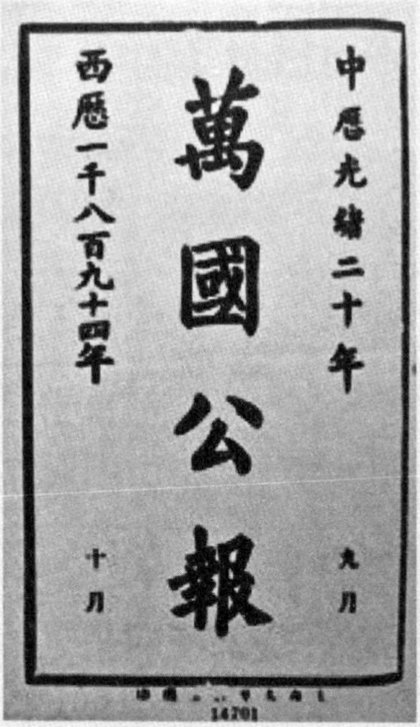
中歷光緒二十年
九月
萬國公報
西歷一千八百九十四年
十月
14701

萬國公報主編林樂知長居中國，曾自言對中國「誠知之深而愛之至者也」。
（右圖Alamy/達志影像授權提供，左圖fotoe/達志影像授權提供）

光緒皇帝

光緒（一八七一—一九〇八），名載湉，愛新覺羅氏，是清朝第十一位皇帝。他是醇賢親王奕譞次子，亦是慈禧太后之親外甥，三歲即位，由慈安和慈禧兩宮聽政。後慈安病逝，慈禧獨攬大權。光緒後來雖獲親政機會，大權仍在慈禧手中。光緒很想改革積弱的朝廷，但「百日維新」後，慈禧回鑾執政，光緒逝於被囚禁的瀛台。

(Alamy/達志影像授權提供)

光緒二十四年（一八九八年）六月十一日至九月二十一日「戊戌變法」失敗，史稱「百日維新」。事實上，在此之前，維新早就開始，各種「新政」都在逐步推行。

那些年，中國備受外國列強的侵陵，中國要想由弱轉強，自然要學外國，所謂「師夷之長技以制夷」是也。要師夷，先要知夷，於是政府設「同文館」培育外語人才。派大臣出國考察，以了解外國的真實情況。送一百二十名幼童到美國留學，希望從「育苗」做起。不僅此也，力求變法自強的光緒還「以身作則」，自己找了「家庭教師」學起英文來。皇帝學說洋話，這是大事，不僅中國人轟動，在華的外國人也很注意。久居中國的英人李提摩太趕忙寫了一篇〈恭記皇上肄習英文事〉的文章，發表在《萬國公報》這本雜誌上。揆其用意，一方面在告訴皇帝，學洋話是認識洋人的必要途徑，要努力以赴；另一方面也在勸誡中國百姓，皇上此舉，意在追求強國富民之道，大清子民要深體「聖心」，不宜說三道四，妨礙皇上追求進步維新的決心。

李提摩太的文章是這樣說的：

〈恭記皇上肄習英文事〉

前閱西報，敬悉皇上於幾餘之暇，召取同文館士入宮講習英文。欲將英國文字語言貫通熟習，以裕聖學，俾他日中西交涉得有操持。此在中西明理之人同深慶幸，未始非中國振興之轉機也。

查天下萬國文字多有不同，惟美與英爲同文。即其各大國雖各有本國文字，而所派駐紮各國欽使多有通習英文以便交涉。且英商、教士蹤跡亦皆及遠，故英人所至口岸多尚英國文字語言，且商路亦遠。即以中國而論，凡有英人商埠，苟熟習英語即便與英人交涉相通。此非獨中國爲然，即各國之有英商口岸者無不如此。故英文英語其行於各處通商之地，學習而以爲有益者殊不乏人。而所行因而廣遠，此亦人情時勢使然也。

中朝化洽夷庚，同文稱治，京師之中又設會同四譯館以教翻譯。然各國自簡派欽使以來，凡有交涉聚會多在總理衙門，即有時入覲龍光，皇上之於各欽差亦必藉翻譯各員以通言語而傳述，或不免參差。今皇上親習英文其益甚多，英文熟習之後，凡英、美國人所著之書，其載各國之事，凡政治之得失國家之盛衰，武備何以脩明，商務何以興旺，教養何以推廣，一切有益國家之政，可以一覽而知，不必再索解人一益也。既知各大國前後政事，可以擇善而從，有利則行，有弊則去。抉其富強之本，探其振作之原，然後以各大國可益之法以益中國之民，俾得轉弱爲強，轉貧爲富二益也。中外之情本無二致，惟言語不通則亦無由洞悉。一通英文則與通達英語之使臣等交接，可以當面諮詢，情意愈親，邦交愈固，義理愈明，且免通事傳述之誤三益也。西人之學並非一得自私之見，與富強之政大有相關，惟不知西學之有益者，未免尚有違言。因而中國教養之方一時之間推行非易，若皇上既身先庶，職學習英文，以上行下，轉移風化之機，其權尤易四益也。有此四益倘中國明達者，實有見地，以皇上之心爲心，爭自鼓勵效尤，專求有益民生之學，則富國強兵之治日上雲蒸，此固有心人所馨香禱祝者也。

十九世紀初，到中國傳教的西方教士，開始辦刊物，刊載教務消息。後來見列強侵陵中國，他們為中國抱不平，紛紛撰文獻策，希望中國變法維新，由貧弱而富強。他們主持的教務刊物，逐漸轉變成「政論雜誌」，給中國政府、學界以及平民百姓，都有很大的鼓舞與啟發。這些刊物中，自以《萬國公報》最為著名，也最有成效。《萬國公報》從一八七四年辦了三十二年，出版二百三十七冊，當時非常有學養的在華西方人士如韋廉臣、花之安、艾約瑟、林樂知、李提摩太、李佳白、赫德、威妥瑪等，都是它的長期

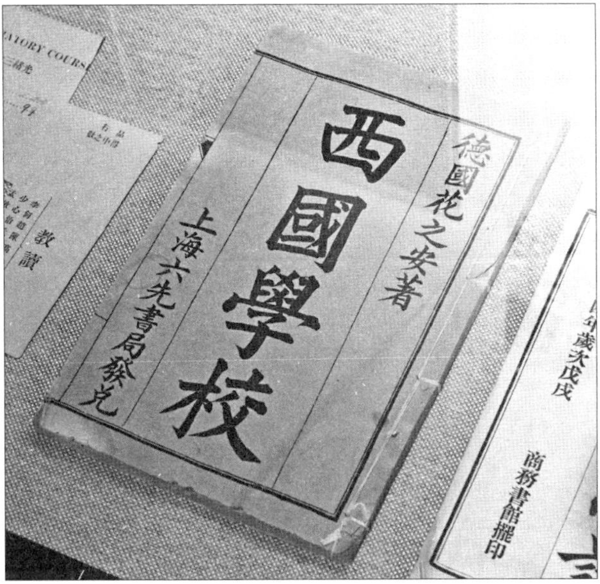

《西國學校》是西方傳教士花之安編寫的介紹西方教育的書籍。（fotoe/達志影像授權提供）

作者。李提摩太的〈恭記皇上肄習英文事〉，就刊於光緒十八年正月出版的《萬國公報》第三十七冊。

花之安（Ernst Faber）是德國傳教士，他在《教化議》一書的序言中說：「余入中國傳道有年，於政治得失、教化興廢、民生利弊，亦頗深稔。僅就管見所及，陳其利弊，非敢干預國政，聊盡友直之心矣。」益友有三，友直居首，不正是中國文化素所強調的嗎？

花之安有一本最著名的著作《自西徂東》。主要通過中西方文明的對比，指出中國社會、道德、文化的現狀與西方相比落後的地方，並提出改良方法。本書分仁、義、禮、智、信五集。每集所述內容與中國道德信條「三綱五常」中的「五常」的涵蓋面緊密聯繫，共分為七十二個問題，每個問題先討論其重要性，其次列數中國在這個問題上的弊端和不足，再次介紹西方在此問題上的優越之處，最後從基督教教義的立場提出改良方法，是對當時中國影響很大的一本書。

林樂知（Young J. Allen）來自美國，一八六〇年入華傳教，一八八一年創「中西書院」，是「東吳大學」的前身。他長期擔任《萬國公報》主編，寫的文章也最多。他為《文學興國策》作序，有云「僕羈旅之人，雖報稱之無力，實望治之有心。」又在〈險語對〉中說：「夫僕，非華裔也，而視華如寄籍之地者，將垂四十年矣。僕於中國，誠知之深而愛之至者也。」是以，目睹中國外侮頻仍，林樂知很傷心，撰〈傷心篇〉，有句曰：「余來華四十年，自問無異於華人，大傷厥心，自較他人為甚。」

林樂知曾撰〈強國利民略論〉一文，力勸中國人學「格致之學」。格致者，格物致知之謂，是當年中國對於西方「物理學physics」的翻譯。

這篇文章的主要兩段是這樣說的：

予思格致之學，有關於強國利民者筆難罄述，姑擇其數端論之。即如攻戰之具，有砲船、大砲、藥彈、銅帽、水雷，以及電氣各法，無一不由格致而來。又如測天、行船、風雨表、吸水各法，寒暑表、經度表、自鳴鐘表、自來火、自來水、製玻璃與印書機器等類，亦何嘗非格致中事哉？夫玻璃一物，未可輕視也，無玻璃，不得不用明瓦。明瓦物之渺者，不若玻璃製精而用宏矣。玻璃者沙泥而已，中國豈無沙泥乎？未明其理，未得其法故。未能制玻璃，遂置沙泥於無用之地也。所云自來火者，果何物哉？燒煤成氣而燃也。中國以煤爲炊，而不知用其光。光者，化其氣以鐵管行於地中，或遠或近，宜高宜下，所在皆然。自來火一擎，可抵油燈數十盞。中國油燈光既不明，何怪夜行者有失足之慮，夜讀者有傷目之嗟乎？且也不諳天文，無由測天，又何知經緯兩度，而能行船過大洋耶？其他各物皆足利民，格致之學可包括無遺矣。

一八七〇年來華傳教的李提摩太夫婦，身著晚清貴族服裝。（fotoe/達志影像授權提供）

前論歐洲之人與中國之

人，易地而居，興衰立見。本館主非無因而云然也。當歐洲未明格致以前，與中國之今時無異。倘囿於故智則南、北亞，美利加，南洋奧大利亞，何由尋覓而成此富庶之兩大洲乎？歐洲之貧將有不可問者。自格致之學興，歐洲之富駕乎當年幾萬倍矣。中國欲思強國利民，所最要者先立格致館，講求格致之學可耳。然必待中國明其理，知其法，著成一書，以示學者，恐遲之百十年後，未必能然。莫若取西國已成之書，譯出華文，俾學者精心討論，則格致熟於胸中，萬物可出自心裁，而自製也。奚必事事求諸西國哉？況中國《大學》一書，童蒙誦習，老大莫明其理，雖誦習徒勞無功也，何也？大學亦云理財，而理財必先以格致。中國務求格致，譬如精讀《大學》之書，棄格致而不談，遑向理財乎，《大學》一書將成廢紙矣。此即強國利民之要術，諒中國士人不以予言爲迂妄也。

李提摩太（Timothy Richard）是傳教士中另一位「愛中國者」。他一八七〇年來華後，自己力行漢化，同李鴻章、張之洞、康有為都有交往。戊戌維新時，光緒原擬聘他為顧問，因變法失敗而作罷。李提摩太曾向朝廷呈〈新政策〉奏摺，在末尾說道：「李提摩太往來中國二十有五年，踐土食毛，彌感皇太后、皇上深恩之浩蕩。辱承明問，不忍不披瀝上陳。」

西方傳教士垂泣以道的一片忠藎，感動了中國人綦鴻逵，他在光緒二十三年六月，第一百〇二冊的《萬國公報》上，發表〈藉西士以興中國論〉，對於傳統上所謂「非我族類，其心必異」之說，痛加針砭。他感慨的說道：

彼西士之愛我中國者，其志可謂堅矣，其心可謂苦矣。慮言語之不通，則兼學華音。慮衣服之駭人，則改用華裝。慮晉接之不便，則習我禮儀。慮舉行之無資，則自籌款項。或著書立說，以佈送當道。或瘏口嘵音，以面謁執政。豈有他哉？無非以僑寓有年，遂視中國之君民不啻本國之君民，因欲以區區愚誠，披瀝上陳，冀得同證善果以發當軸之一悟耳。志何堅，心何苦乎？余以華人而為是說，非為西方辨為中國辨也。為中國之急，宜自強辨也。

今天在台灣，凡不是在台出生者，常被視為「外來之人」，即使是「外來之人」，懷有「區區愚誠」而「志堅」、「心苦」者，所在多有，惟不知尚有綦鴻逵這類人否？尚有知綦鴻逵之人的這類人否？

（作者注：本文所摘用《萬國公報》上的文字，均取自《萬國公報文選》，主編錢鍾書，執行主編朱維錚，北京三聯書店一九八八年六月第一版。）

原載二〇二一年三月十九日《聯合報・副刊》

武訓、王貫英、丁龍，「窮人」興學記

三個行乞者、拾荒者和「豬仔勞工」在太平洋兩岸轟轟烈烈的辦教育事業

「書猶藥也，善讀之可以醫愚。」這是西漢劉向說的。武訓、王貫英和丁龍各以自己純良的天性醫好了自己的愚，然後努力推廣那劑良藥。

丁龍。
(San Francisco Chronicle授權提供)

拾荒興學老人王貫英。
(聯合報系資料照片)

武訓

武訓（一八三八—一八九六），山東省堂邑縣人，因家境貧苦，無力讀書，淪為乞丐，他以乞討所得，興辦學校，成為平民教育家。

中國是文化古國，中國人重視讀書，不必抄孔孟經典，隨便引兩句話，也就非常動人。

烏欲高飛先振翅，人求上進先讀書。（李苦禪）

勸君莫將油炒菜，留與兒孫夜讀書。（增廣賢文）

但在舊時的中國，缺少學堂，更沒有「義務教育」，對窮人家的子弟，讀書就成了奢侈品。這種苦楚，當然窮人感受最深，於是有些窮苦而有志氣的人，即使是討飯、拾荒、給人作奴僕，也刻苦攢錢，且竭盡所能，興辦學校，設圖書館，幫助窮人的孩子受教育。這樣的人，在近代的中國大陸、台灣和美國，至少可舉出武訓、王貫英和丁龍三人。先說武訓。

武訓一八三八年出生，今山東冠縣柳林鎮人。七歲喪父，乞討為生，沒機會讀書。十四歲後，多次離家當傭工，屢屢受欺侮，甚至雇主因其文盲以假帳相欺，謊說三年工錢已支完。武訓爭辯，反被誣為「訛賴」，遭到毒打，氣得口吐白沫，不食不語，病倒三日。吃

台南市「武訓牆」建於民國三十九年，當時是為了表彰學生家長捐資興學精神。

（陳秀珠／攝影）

盡文盲苦頭，決心行乞興學。

咸豐九年（一八五九），二十一歲的武訓開始行乞集資。他手持銅勺，肩背褡袋，爛衣遮體，邊走邊唱「蓮花落」樣的歌，四處乞討，其足跡遍及山東、河北、河南、江蘇等地。將討得的較好衣食賣掉換錢，而自己只吃粗劣、發黴的食物和菜根、地瓜蒂等，唱道：「吃雜物，能當飯，省錢修個義學院。」在行乞的同時，他還揀收破爛、績麻纏線，邊績邊唱：「拾線頭，纏線蛋，一心修個義學院；纏線蛋，接線頭，修個義學不犯愁。」他也經常給人打短工，並隨時編出歌謠唱給主人聽。當給人家推磨拉碾時，就學著牲口的叫聲唱道：「不用格拉不用套，不用乾土墊磨道。」另外，他還為人做媒紅，當郵差，以獲謝禮；表演豎鼎、打車輪、學蠍子爬、給人做馬騎等，甚至吃蛇蠍、吞磚瓦，以取賞錢；將自己的髮辮剪掉，只在額角上留一小辮，以兌換金錢和招徠施捨。

同治七年（一八六八年），武訓將分家所得的三畝地變賣，加上歷年行乞積蓄，共二百一十餘吊，悉交人代存生息，而後置田收租。他唱道：「我積錢，我買田，修個義學為貧寒。」

光緒十二年（一八八六年），武訓已置田二百三十畝，積資三千八百餘吊，決定創建義學。光緒十四年（一八八八年），花錢四千餘吊，在柳林鎮東門外建起第一所義學，取名「崇賢義塾」。他親自跪請有學問的進士、舉人任教，跪求貧寒人家送子弟上學。當年招生五十餘名，分「蒙班」和「經班」，不收學費，經費從武訓置辦的學田中支出。每逢開學時，武訓先拜教師，次拜學生。置宴招待教師，請當地紳士相陪，而自己站立門外，專候磕頭、進菜，待宴罷吃些殘渣剩羹即去。平時，他常來義塾探視，對勤於教事的塾師，叩跪感謝；對一時懶惰的塾師，跪求警覺；對貪玩、不認真學習的學生，下跪泣勸：「讀書不用功，回家無臉見父兄。」還剴切勉勵孩子們：「你們讀好了書，千萬不要忘記窮人。」

在武訓的感召下，義塾師生無不嚴守學規，努力上進。光緒十六年（一八九〇年），武訓又在今屬臨清市的楊二莊興辦了第二所義學。光緒二十二年（一八九六年），武訓又靠行乞積蓄，並求得臨清官紳資助，用資三千吊於臨清御史巷辦起第三所義學，取名「御史巷義塾」。武訓一心一意興辦義學，為免妻室之累，一生不娶妻、不置家。有人勸他娶妻，他唱道：「不娶妻，不生子，修個義學才無私。」其兄長親友多次求取資助，他毫不理顧，唱道：「不顧親，不顧故，義學我修好幾處。」

山東巡撫張曜聞知武訓義行，特召見，並下令免徵義學田錢糧和徭役，另捐銀二百兩，同時奏請光緒帝頒以「樂善好施」匾額。清廷授以「義學正」名號，賞穿黃馬褂。其名聲由此大振。

光緒二十二年（一八九六）四月二十三日，武訓在學生琅琅讀書聲中含笑病逝於臨清御史巷義塾，終年五十九歲。市民聞訊淚下，自動送殯者達萬人，遵遺囑葬於柳林崇賢義塾旁。十年後，清廷將其業績宣付國史館立傳，並為其修墓、建祠、立碑。武訓的事蹟受到世人的欽敬，許多名家題詞，全國出現以武訓命名的學校多處，並曾一度將原堂邑縣改稱武訓縣。一九四五年，冀南行署在柳林創辦武訓師範。

作為清朝末年生活在社會最底層的一個乞丐，武訓靠著乞討攢錢，經過三十多年的不懈努力，修建三處義學，購置學田三百餘畝，積累辦學資金達萬貫之多，這無論是在中國還是在世界教育史上都是罕見的事情，所以馮玉祥曾稱頌他是「千古奇丐」。

王貫英

王貫英（一九〇六—一九九八），山東人。一九四九年隨政府遷居台北市，以拾荒所得買書，在所住之地下室建圖書館。他逝後，台北市立圖書館將古亭分館改名為「王貫英紀念圖書館」。

再說王貫英。

王貫英，原名王明臣，祖籍山東省，一九〇六年出生在小康的耕讀世家，幼年曾入塾讀古書，培養出博覽群書的興趣，後因土匪猖獗而停學做了莊稼漢，但農暇之餘仍勤讀不輟。

一九二八年二十二歲時，便建議鄉紳父老開辦學堂，不久後創辦國民學校，並擔任管理

拾荒興學的老人王貫英，騎著他撿廢紙的三輪車。（聯合報系資料照片）

委員的職務。

一九三一年，九一八事變起，他興起報國之志。一九三四年考入軍校，轉戰南北，與日軍作戰。一九四七年，遭誣陷入獄，出獄後改名為王貫英。一九四九年，國共間的形勢險惡，他下定決心效法武訓精神，以行乞救國，還創作了一首〈反共三字經〉，一時廣為流傳，中央宣傳部更印製成單行本發放國軍部隊。後來王貫英到了廣州，眼見許多難民流落街頭，無所事事，精神苦悶，遂向各級單位蒐集圖書，分裝於兩個大籮筐裡，並在籮筐邊插上兩個牌子，寫著「丐民圖書館」，用一根扁擔擔著行走街頭巷尾，同時吆喝著讀書、

拾荒老人王貫英以設立「貫英圖書館」和四處贈書，讓更多人可以讀書。
（聯合報系資料照片）

借書、贈書，這樣的「移動圖書館」直到王貫英前往海南島才結束。

當王貫英到海南島，又請命至部隊中教學。一九四九年跟隨政府輾轉來台，定居台北，四處兼差餬口。某日於牯嶺街舊書店遇到一名偷書的年輕人，周遭圍觀的群眾在一旁火上加油時，王貫英掏出自己的錢幫年輕人買下了書。隨即想起過去曾於廣州挑擔的「移動圖書館」，於是重新出發，拾荒度日，以拾荒所得購書捐書。從一開始對國內的各級學校圖書館捐書，再到世界各地的教學單位，許多地方都曾接受過王貫英的書籍贈與。

王貫英的願景之一，是建立一所圖書館，回饋社會。曾向台北市政府租借公有地下室，設立「貫英圖書館」，舊址位於中正區中華路二段三百零一巷之一號地下一樓。因為地下室通風不好，更談不上冷氣，且舊書發霉，不是一個適合作圖書館的地方。

一九九七年十二月，他成為台北市的榮譽市民。一九九八年十二月十五日凌晨，因為敗血症引發的心肺衰竭，病逝於台北市萬華區的私立仁濟醫院，享壽九十二歲。

王貫英逝世後，一九九九年市長馬英九將北市圖古亭分館更名為「王貫英紀念圖書館」，並將原中華路的「貫英圖書館」併入，除於館內設立王貫英紀念室，並在館舍旁設立紀念園。

王貫英的圖書館夢想，終於實現。

丁龍

丁龍，真實姓名和籍貫均不可考，一般著述多指他是廣東人，大概是十九世紀末到美國的一位華工，用辛苦工作的積蓄美金一萬二千元，以Dean Lung之名捐贈美國哥倫比亞大學，成立「丁龍講座」，也就是哥大的東亞系。丁龍大概於一九〇五年回到中國老家廣東，娶妻生子，終老故鄉。

現在再說丁龍。

哥倫比亞大學位於美國的紐約市，是屬於常春藤盟校的頂尖大學，哥大出過許多名人，前任總統奧巴馬、「股神」巴菲特以及歷史名人漢密爾頓、羅斯福等人，都是哥大校友。

當代中國的許多學者名士，如胡適、梁實秋、徐志摩、馬寅初、陶行知、蔣夢麟、金岳霖、馮友蘭、聞一多、潘光旦、吳文藻、宋子文、張奚若、孫科、顧維鈞、蔣廷黻、陳公博等這些人，也都在哥大受過教育。

哥大有個東亞系創立於一九〇二年，在美國的漢學研究領域，這個招牌十分響亮。哥大東亞系的創立有一段曲折的故事，故事的主人公據考證是一位早年到美國的中國勞工「丁龍」，這位在當時被人視為「豬仔」的工人，將一生的積蓄捐獻給了哥大，要求興辦漢學教育，這才有了今天赫赫有名的東亞系。

丁龍是廣東人，十九世紀下半葉來到美國從事體力工作，在加州遇到了他後半生的主人卡本蒂埃（Horace Walpole Carpentier）。卡本蒂埃生於紐約，畢業於哥大法學院，然後去西部的加州闖蕩，在那裡發了財，後來回到紐約，丁龍也就作為他的僕人跟他來到紐約，負責打理日常事務。據說卡本蒂埃個性暴躁，有一次他為小事大發雷霆，將丁龍解雇並趕出家門。次日卡本蒂埃意識到自己輕易將丁龍解雇是草率之舉，失去了一個忠心的僕人，很是後悔。但出乎意料，丁龍並沒有離開，依然像往常那樣為他端上早餐，卡本蒂埃深感對不住丁龍，丁龍卻對卡本蒂埃說他是個好主人，並表示自己是根據孔子的儒家精神行事的。通過這件事，使卡本蒂埃更加了解了丁龍，也開始了解中國文化。慢慢的，他把丁龍視為夥伴和朋友，也知道了更多中國的事。

一九〇一年丁龍向卡本蒂埃提出一個心願，將自己的積蓄一萬二千美元捐獻給哥大，條件是在哥大設立漢語教學的專業課程。丁龍的善舉得到卡本蒂埃的大力支持，卡本蒂埃將此事告知哥大校方，表示有人要捐款設立一個漢語教學專案，並將此項目以一個中國人的名字「丁龍」命名。二十世紀初的美國排華風氣盛行，要在哥大這樣的名牌大學以一個中國人的名字命名一個教學項目，簡直是石破天驚的事。此時卡本蒂埃已是哥大校董，他為丁龍力爭，並且表示，如果哥大不同意這個條件，他要另找別的大學合作，再加上卡本蒂埃自己也要捐出十萬美金（此後增加到二十萬），哥大最終同意設立「丁龍講座教授」，並從歐洲重金請來漢學權威夏德（Friedrich Hirth）擔任首位教授，從此開啟美國大學的第一個中文系，且逐步擴大，改名「東亞系」，但「丁龍講座教授」的名銜一直未變，這一職位也是北美漢學界最受人重視的職位之一。

哥大東亞系在介紹本系歷史時，一開始就引用了丁龍在一九〇一年六月二十八日寫給哥大校長要求設立中文教學專案以及願意捐款的信「奉上一萬二千美元支票作爲貴校中文教學捐款（I send you herewith a deposit check for $12,000 as a contribution to the fund for Chinese Learning in your university）」，並特別指出捐款者的署名是

「丁龍，一個中國人（Dean Lung, a Chinese person）」，表明哥大東亞系飲水思源不忘當年創立者的心意。

作為一個僕人，捐出一萬二千美金是十分了不起的善舉，即使對於今天的普通美國人來說，這也是一筆不小的數字，在一百年前就更是一筆巨款。根據美國勞工統計局的資料，一九〇一年美國家庭的平均年收入是七百五十美元，當時主要是男人工作，女人基本在家，所以，丁龍捐獻的錢應該是他幾十年的積蓄。

儘管丁龍的故事在學術界廣為流傳，也有許多人對此做了不少調查研究，但這位勞工的身世家庭卻鮮為人知。後來經過專家的努力，查證到「丁龍」是台山人，他於一九〇五年回到中國，娶妻生子，他的本名應為「馬進隆」。

丁龍的義舉被當時的清政府知道後，慈禧太后特別向哥大捐贈了數千冊圖書以利中文教學，其中主要是「古今圖書集成」，被西方人稱為「中國百科全書」，由李鴻章於一九〇一年十一月三日代表捐贈。四天後，李辭世。這部分圖書，奠定了東亞圖書館館藏的基礎。

「書猶藥也，善讀之可以醫愚。」這是西漢劉向說的。武訓、王貫英和丁龍各以自己純良的天性醫好了自己的愚，然後努力推廣那劑良藥。

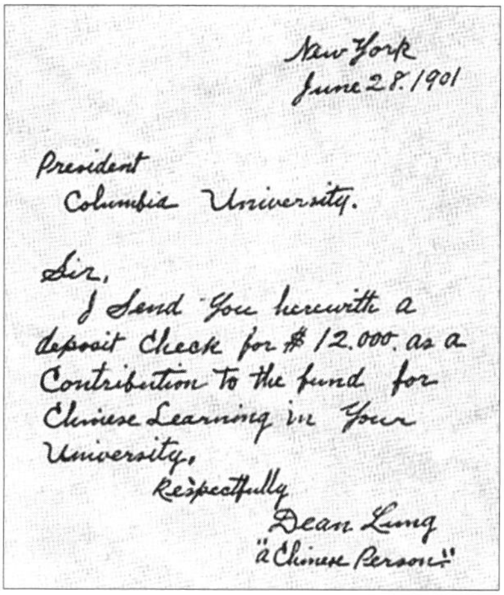

New York
June 28. 1901

President
Columbia University.

Sir,
I send you herewith a deposit check for $ 12.000. as a Contribution to the fund for Chinese Learning in your University.

Respectfully
Dean Lung
"a Chinese Person."

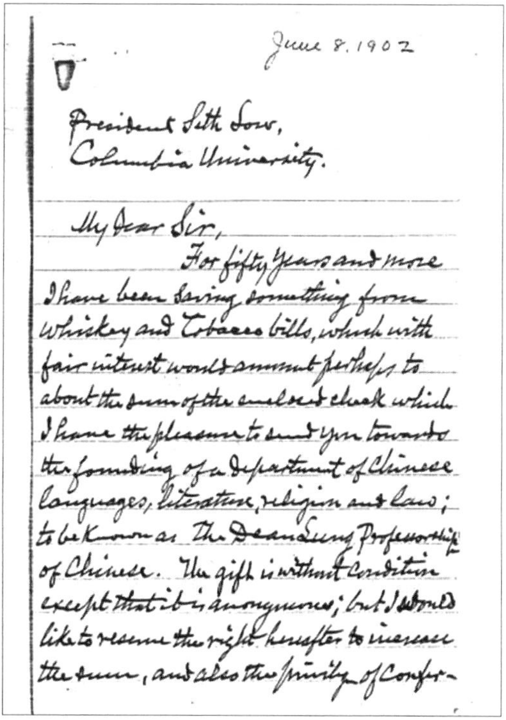

June 8. 1902

President Seth Low,
Columbia University.

My dear Sir,
For fifty years and more I have been saving something from Whiskey and Tobacco bills, which with fair interest would amount perhaps to about the sum of the enclosed check which I have the pleasure to send you towards the founding of a department of Chinese languages, literature, religion and law; to be known as The Dean Lung Professorship of Chinese. The gift is without condition except that it is anonymous; but I would like to reserve the right hereafter to increase the sum, and also the privilege of confer-

上圖：丁龍寫捐款信給哥大校長，署名後面加上「一個中國人」。

下圖：丁龍的主人卡本蒂埃寫信給哥大，說明丁龍捐款的目的，並加上自己更多捐款。
（圖片來自Chinese World,San Francisco）

第六部

千秋功過，任人評說

張學良，「中國人」，是條漢子！

東北易幟，西安事變，影響國家命運，千秋功過留給後人評說

他晚年寫道：「不怕死，不愛錢，丈夫絕不受人憐，頂天立地男兒漢，磊落光明度餘年。」為其傳奇一生，留下註腳。

張學良來到台灣後，在宋美齡引導下，由佛教徒成為基督信徒。
圖為張學良一九九一年在教堂證道。 （聯合報系資料照片）

張學良

張學良（一九〇一—二〇〇一），奉天省海城人，是東北王「老帥」張作霖之子，人稱「少帥」。張作霖被日本人設計炸死，張學良「易幟」歸順中央，任陸海空軍副總司令。「九一八事變」，張在北平養病，部屬未加抵抗，廣受國人責難。後奉令駐西安，主持「剿匪」軍事，卻於一九三六年十二月十二日發動「西安事變」，扣留蔣介石，後雖和平落幕，但他被軟禁長達五十多年。

近代中國，有三大風雲人物，蔣介石、毛澤東和張學良。蔣、毛左右了中國的命運，而張學良於一九三六年十二月十二日發動的「西安事變」，卻對蔣、毛的命運發生了重大影響。談中國的盛衰成敗，繞不過張學良。

一九二八年六月四日，日本人設計了「皇姑屯事件」，炸傷東北奉軍首領張作霖，延至次日傷重逝世，其子張學良繼任奉軍領導人。

當時的東北懸掛北洋政府的五色旗，「皇姑屯事件」使得有「殺父之仇」的張學良，更加了解日本的野心，有意歸順南京國民政府，改懸青天白日旗。就在此時來了一個日本人林權助，到張府「弔唁」。

林權助（Hayashi Gonsuke，一八六〇—一九三九），日本外交官，「會津藩」出身。一八九八年「戊戌變法」期間，與伊藤博文協助中國變法維新，認識梁啟超，變法失敗助梁逃往日本。林權助此時受首相田中義一的指派，前來遊說張學良，不要與南京政府走得太近，以免妨礙日本侵奪中國的圖謀。

林權助給張學良開出許多優渥條件，簡直可讓他另成立一個政府，獨立於中國之外。張學良怎麼回答呢？他在台灣一九九〇年獲得自由後接受記者訪問，回顧這段歷史：

那林權助是頭等外交官，他把中國古典書也念得很好。我跟他說：

林老先生，你替我想的很周到，比我自己想的都好。他說那很好，但是你為什麼不接受我的意見呢？我說：你忘了一件事：我是中國人！

林權助知難而退。

「我是中國人」，何其壯哉！中國當時四分五裂，群雄割據，國幾不國，「中國人」張學良，不受日本的威脅利誘，終於使「東北易幟」，在南京的中央政府至少在形式上歸於統一。

張學良「我是中國人」的信念，使他幹了另一樁驚天動地的大事——「西安事變」。這是一樁「盛事」還是一件「蠢事」，那要看誰來評斷。

西安事變十週年，在蔣介石避難現場建了一個小亭，初名「正氣亭」，大陸易手後中共更名為「捉蔣亭」，一九八六年西安事變五十週年時，兩岸關係已漸緩和，大陸官方將之更名為「兵諫亭」。 (fotoe/達志影像授權提供)

「九一八事變」日本人占據了東三省，歸順了中央的張學良及其東北子弟，希望抗日，「打回老家去」。但蔣介石的方略是「攘外必先安內」，不消滅共產黨，就沒法集中力量對付外敵。國軍多次進擊，稱之「圍剿」；共軍不斷敗退，自言「長征」。在此危急存亡之刻，年輕的張學良及其部屬，「思鄉情切」，等不得了，於一九三六年十二月十二日，乘蔣委員長到西安開會時，偕同他的副手楊虎城，發動震驚世界的「西安事變」，劫持蔣介石，迫其放棄「內戰」，盡早「抗日」。「西安事變」距今已八十六年了，誰能說清楚它終極的影響。

事變期間，中共中央還在保安，而非延安。十二日晚間，消息傳來，毛澤東等人欣喜若狂。十三日下午四時，中共在「紅軍大學」附近草地上，召開三百餘人的會議。後在台灣政大東亞研究所任教的郭華倫教授，當時在紅軍大學教書，也在現場。據他說：

毛澤東此時高呼，一九二七年「四一二事件」以來，蔣介石所欠共產黨人的血債，現在是清償的時候了。毛澤東接著表示，必須把蔣介石解送保安，交由人民公審，給予應得的制裁。換言之，他主張殺蔣。

張學良(左)和蔣介石合影。
(fotoe/達志影像授權提供)

不過，十二月十四日深夜，莫斯科共產國際的電令到達，批評中共所持的是報復主義，內戰方針也是錯誤的；這樣的方針，正符合日本軍閥和中國親日派的願望，對蘇聯和中共都是不利的。因此要求中共中央，立即改採和平解決事變的方針。共產國際的訓令，當然來自史大林的深謀遠慮。誠如共黨問題專家王健民教授，在其所著《中國共產黨史稿》中所指出的：

無論中共如何宣傳蔣委員長「不抗日」、「向日本屈辱投降」，史大林非常明白，蔣委員長必能領導中國抗日，斷不能容其犧牲於張、楊和中共之手，否則日俄之間無緩衝國，受害的將是蘇聯。

史大林對張學良的不悅，非自西安事變始，在此之前，他已否決了張學良加入中共；「西安事變」益使史大林深信，張學良是麻煩的製造者。

「西安事變」對中國有什麼影響呢？有人認為促成了國共合作抗日，爭取到最後勝利。也有人認為因此使垂危的共產黨起死回生，造成中華民族空前的災難。周恩來稱讚張學良是「民族英雄，千古功臣」。張學良字「漢卿」，蔣介石在日記中嘆道「漢卿壞我一盤好棋」、「漢卿誤我大事也」。

不管怎麼說，張學良抗日救國的初衷是無可懷疑的，史學家唐德剛稱他「少年氣盛，忠肝義膽」。西安事變後，蔣介石批評張學良「小事精明，大事糊塗」。張晚年也自承「魯莽，好衝動，捅婁子。」

不過張學良勇於認錯，好漢做事好漢當，事變結束後，蔣坐專機回南京，張隨至機場，堅持要送蔣回去，蔣勸他不要去，他去了反而不好善後，張堅持隨護。到了南京，國民政府軍事委員會高等軍事法庭審判張學良，以「圖謀伙黨，對於上官爲暴行脅迫罪」，判刑十年，國民政府特赦，但卻是一生幽禁。

「九一八事變」時，張學良正在北平，住在「協和醫院」。事變發生，廣西大學校長馬君武寫了一首「哀瀋陽」的詩。正當全國軍民哀傷憤慨之時，這首詩成了一顆火種，立成燎原之勢：

趙四風流朱五狂，翩翩胡蝶最當行。
溫柔鄉是英雄冢，哪管東師入瀋陽。
告急軍書夜半來，開場弦管又相催。
瀋陽已陷休回顧，更抱佳人舞幾回。

趙四是趙一荻，後來陪著張學良幽禁大半生，也算有情有義。朱五是政商名人朱啟鈐的第五個女兒朱湄筠，她在「九一八」前夕才完婚，證婚人正是張學良。至於胡蝶是當時著名的電影明星，「九一八」那天她在天津拍戲，不在北平，而且她從未見過張學良，她在《申報》上連刊兩天「胡蝶闢謠」的啟事。

張學良清泉部落故居。（聯合報系資料照片）

「九一八」事件有一疑問，是誰命令駐軍不抵抗的？外界傳說是蔣介石，但張學良事後直言，是他下的命令，不是蔣；為蔣洗刷了歷史的清白。不過那時任何人都能了解，中國還不是日本的對手。

張學良勇於認錯，不推諉責任。他曾對舊部呂正操說：

我幾十年失去自由是應該的。如果我是蔣介石，我會槍斃了張學良，因爲這是背叛啊！但蔣先生讓我活下來，這是蔣先生的寬大。我一生最痛苦的事是蔣先生殺了楊虎城，因爲應該殺的是我。

楊虎城一八九三年出生於陝西浦城一戶農家，後從軍，一九二四年加入國民黨，先後任國民革命軍軍長、十七路軍總指揮等要職。「九一八事變」後，楊虎城積極主張抗日，多次面謁蔣委員長要求參加抗戰。「西安事變」落幕，楊虎城解職出國考察，未奉令不得回國。楊虎城在海外期間，迭電蔣請求回國參戰，均未得允准。曾有詩曰：

西北大風起，東南血戰多。
風吹鐵馬動，還我舊山河。

一九三七年十月底，楊虎城從法回國。戴笠以蔣在南昌召見為由，將楊虎城帶至南昌扣押，後又轉至重慶。

一九四九年，國民政府行將撤離大陸之前，軍統局「清理積案」，九月十七日在重慶將他全家殺害，除了他本人，包括他兒子楊拯中、十歲的女兒、祕書夫婦及其子、副官及警衛員，共八人。相較於對張學良的處置，對楊虎城未免太殘苛了。

由於大陸局勢的變化，一九四六年十一月，張學良與夫人趙一荻被解送到台灣，安排住在新竹縣五峰鄉清泉部落。一九四九年轉移至高雄壽山，在短暫停留近一年後，又回到清泉部落。在深山老林中，與世隔絕，只能閱讀書報、寫作書法、種田、爬山、釣魚等，度過寂靜的山居生活。這段日子裡，他寫了一些詩，其中一首是這樣的：

山居幽處境，舊雨引心寒。

輾轉眠不得，枕上淚難乾。

他睡不著，流了淚，是不是對從前做過的事有所「反思」？

一九六四年七月，國防部政戰系統的《希望》雜誌創刊號上，刊載《張學良西安事變懺悔錄（摘要）》，立時震動各方，《民族晚報》立即轉載，海外報刊也跟著轉發。

張學良在文章中自承：「當時自用自專，為他人利用而不自覺。」他還說自己「立志報國，反而誤國，想救民，反而害民。釀成巨禍，百身莫贖。」

這篇文章的來由，是一九五六年蔣介石撰寫《蘇俄在中國》，要張學良「將西安事變前後事實寫一回憶呈閱」。張給蔣寫了兩封長信，總共一萬餘字，經蔣經國整理定名為《西安事變反省錄》，發給政府重要官員參閱，《希望》摘刊了大約七千字，將《反省錄》改為《懺悔錄》。據說張學良在《民族晚報》上看到轉載的文章，十分不悅，《希望》立即被停刊。外界對《希望》刊出的文字是否與原文完全一致，也有些疑慮。

後來，張學良離開清泉部落，先後遷至高雄西子灣和陽明山幽雅路，可外出旅行、購物、上館子和會客，已能有限度和外界接觸。此時，張學良的「安全」是由時任「行政院國軍退除役官兵就業輔導委員會」主任委員蔣經國負責，兩人也因此結為好友。

在宗教信仰方面，張學良受到蔣夫人宋美齡女士的影響，從原本篤信佛教改信基督教，不僅受洗為基督徒，還陸續讀了幾十年聖經函授課程，取得牧師資格。

在與世隔絕的寂寞中，張學良只有趙一荻夫人為伴，趙一荻則盡全力照料張學良。

一九六四年，張學良基於基督教一夫一妻制的教規，在求得住在美國的元配俞鳳至諒解後，與趙一荻辦理結婚手續。

張學良（右）對蔣經國評價甚好。
（天下文化編輯部攝於少帥禪園）

台灣遊客到瀋陽觀光，大概不會錯過「帥府」——老帥張作霖和少帥張學良的故居。在客廳裡，掛著一張放大的《聯合報》第三版，時間是一九六四年七月二十一日，以當年流行的「文藝性」大標題寫著：

卅載冷暖歲月・當代冰霜愛情

少帥趙四・正式結婚　紅粉知己・白首締盟

夜雨秋燈・梨花海棠相伴老　小樓東風・往事不堪回首中

二〇〇〇年五月張學良在夏威夷過百歲大壽時，夫人趙一荻帶著氧氣管陪伴在旁。
（聯合報系資料照片）

和趙一荻結婚是祕密進行，婚禮在台北市杭州南路一美籍人士家中舉行，在場的只有蔣夫人宋美齡，少帥的東北鄉長、考試院長莫德惠，以及總統府祕書長張群，總共十二個人。

一九七五年四月，蔣介石總統去世，張學良到靈前致祭，寫下輓聯：「關懷之般，情同骨肉；政見之爭，宛若仇讎」，道盡兩人難解的愛恨糾結。

雖然因政治考量，張學良還不能獲得真正自由，但行動、交往漸能自主。如每週至士林凱歌堂做禮拜，偶爾也與親友打牌餐敘，亦曾前往花蓮、阿里山、日月潭、中橫、金門等地旅遊。在人際網絡方面，他與前立法委員王新衡、前總統府資政張群、畫家張大千往來頻繁，遂有「『三張一王』轉轉會」雅號。另外，每逢節慶，蔣夫人也邀請張氏夫婦到士林官邸用餐，互贈禮品。

張學良畢竟曾是叱吒風雲的政治人物，被幽禁多年，政治仍然會找上他。據蔣經國日記記述，一九五八年十一月，北京曾透過中間人新聞界的曹聚仁，向台北提議，以一九四九年被中共俘虜的前國軍高級將領黃維、杜聿明與康澤等十人，交換張學良，可見中共是多麼重視他，但最後並未「成交」。

張學良愛品評人物，根據他接受哥倫比亞大學的訪問紀錄：

我有兩個長官，一個是蔣總統，一個是我父親。我父親這人，有雄才，大略不如蔣介公；介公啊，我認為介公有大略，雄才不如我父親。一個是有雄才，一個是有大略。蔣經國就不同，我可以說，到台灣以後，要不是蔣經國，蔣介石就沒有了。蔣先生什麼都沒有，蔣經國還留下點東西，蔣先生留下什麼？沒有。

張學良也不忘品評自己，這是二十八歲時，軍次保定，所撰之自況聯：

兩字聽人呼不肖，半生誤我是聰明。

一九四七年五月，張學良東北鄉長莫德惠去新竹看他，他寫詩答謝：

十載無多病，故人亦未疏；
餘生烽火後，唯一願讀書。

張學良最膾炙人口的一首詩，應是他訪問台南所寫的《謁延平祠》，禮讚鄭成功。

孽子孤臣一稚儒，填膺大義抗強胡。
豐功豈在尊明朔，確保台灣入版圖。

這與他早年「我是中國人」的「壯懷激烈」，或可遙相呼應。

一九九〇年十二月，張學良終於恢復人身自由。次年三月，偕夫人前往美國舊金山探視兒女，這是他幽禁五十多年後首次出國，並於同年六月返台。一九九三年底，張氏夫婦再度赴美探親，之後移居夏威夷。二〇〇〇年六月二十二日，趙一荻夫人逝世；二〇〇一年十月十五日，張學良病逝於檀香山，享壽一〇一歲。

張學良晚年留下一幅字：

不怕死，不愛錢，丈夫絕不受人憐，頂天立地男兒漢，磊落光明度餘年。

為其傳奇一生，留下註腳。

原載二〇二二年十二月十二日《聯合報·副刊》，是日為「雙十二」西安事變紀念日。

（攝於張學良文化園區/張學良故居提供）

葉公超，擅離文學樂土，亡於政治叢林

自認一輩子吃脾氣大的虧，張群勸他「凡事要聽話」

「生病開刀以來，許多老朋友來探望，我竟忍不住落淚。回想這一生，竟覺自己是悲劇的主角，一輩子脾氣大，吃的也就是這個虧，卻改不過來，總忍不住要發脾氣。」

一九五四年，中美兩國互換共同防禦條約批准書，在台北中山堂堡壘廳舉行，由我國外交部長葉公超（前排左）及美國國務卿杜勒斯（前排右）主持。我國五院院長、總統府祕書長及美國駐華大使藍欽等中外貴賓百餘人應邀觀禮。（聯合報系資料照片）

葉公超

葉公超（一九〇四—一九八一），原名崇智，字公超，廣東番禺人，曾任北京大學、清華大學和西南聯大等校教授。他幼失雙親，在叔父葉恭綽監護下長大。先後到英、美兩國留學，其英語文的修養受到大家的稱讚。政府徵召他至外交界服務，遷台後出任外交部長，完成《對日本和約》和《中美共同防禦條約》，貢獻卓著。後來在駐美大使任內，被蔣介石總統急召返國，即未再回任，形同軟禁，原因迄今眾說紛紜。

在台灣的中華民國，曾有三個被長期幽禁的「政治犯」：老牌的張學良，其「西安事變」的「犯行」在大陸，可以不計；在台灣的「新囚徒」，則有孫立人和葉公超。這兩位「文臣武將」的遭遇又有不同，孫立人的「兵變」案，經陳誠等九人委員會徹查，最高當局念其「抗戰有功，特准自新」，判處「長期拘禁」，不管真相如何，總還算「必也正名」；但葉公超從頭到尾不知自己犯了什麼罪，卻「不告而囚」，被長期「禁足」，不得離台半步。更不可思議的是，他直到病逝，仍是政府一品大員——行政院政務委員和總統府資政，地位崇隆。

葉公超一九〇四年出生，廣東番禺人。其父葉道繩曾任九江知府，一九一三年辭世，十歲的葉公超遂到北平，在叔父葉恭綽的監護下長大。葉恭綽清朝時擔任鐵路總局長，北洋

葉公超 （Alamy/達志影像授權提供）

政府的交通總長，國民政府的財政部長、鐵道部長，自然有能力培育這位姪兒。

葉公超少年即工詩能畫，為當時名家湯定之入室弟子，七歲入南洋模範小學，一九一二年至英國讀書，兩年後轉赴美國，一年後回到中國就讀天津南開中學。他在學校一篇題為〈自振〉的作文中寫道：

> 余幼失怙恃，人聞者恆憐吾，言吾命之薄，緣之慳，而余則否焉。蓋人之成偉大者，非安逸愼然而成之也，非恃他志而成之也，是必出於萬難之中，而拔於愴痛之海，琢磨切磋，而後有以成之也。

聽聽這位十幾歲少年的口氣。

一九二〇年葉公超再赴美國，就讀麻薩諸塞州安默斯特學院，受業於著名詩人羅伯特・佛洛斯特（Robert Frost），在其指導下出版一本英文詩集。畢業後赴英，在劍橋大學瑪格達連學院取得文學碩士學位。當時他與詩人T・S・艾略特亦師亦友，交往甚密，是第一個將艾略特介紹到中國的學者。詩人卞之琳曾說：「葉公超是第一個引領我對二、三十年代艾略特、晚期的葉慈、左傾的奧頓等英美現代派詩風興趣的人。」

葉公超於一九二六年自英返國，他叔父葉恭綽除了活躍於政界，也是著名詞學家、書畫家、鑑賞家及收藏家。在這種環境薰陶之下，葉公超能文、能詩、能畫竹蘭，而且寫得一筆「褚（遂良）字」，有魏碑的氣勢。他中西兼備，回國後在北大、北師大、暨南大學、清華大學及西南聯大等校教授西洋文學，參加「新月社」，辦「新月書店」，發起藝文活動等，積極而活躍。請聽師友們前前後後怎樣看待他的：

胡適：葉公超的英文是第一等的英文，他說的更好。就是在外國一班大政治家中，也不見得說得過公超。

美國學者費正清：他學貫中西，是一個文藝復興人。他是書法名家，亦通國畫藝術；又曾在西方接受教育，親歷倫敦空襲，目睹新加坡淪陷，並與多位世界政要相識。

陶希聖：文學的氣度，哲學的人生，國士的風骨，才士的手筆。

陳香梅：他學劍學書都有所成，因此有時不免恃才傲物，有時樹大招風，難免招人之忌，但他琴棋書畫，能武能文，眞是一代奇人。

梁實秋：鄭洪年先生曾譏誚他爲「外國名士派」，聞一多先生嘗戲謔的呼他爲「二毛子」，意思是指他精通洋文而不懂國故。公超雖不以爲忤，但是我冷眼觀察，他卻受了刺激，於英國文學之外對於中國文學藝術猛力進修，不久即幡然變了一副面目，成爲十足的中國文人。

不久前在大陸逝世的「國學大師」季羨林是葉公超在清華大學的學生，他說：說到學問，公超先生是有一肚皮的。他人很聰明，英文非常好。

大陸學者陳子善：葉公超關於中國現代文學的評論雖然不多，但幾乎篇篇精采，他的名字是應該與周作人、梁實秋、朱光潛、李健吾等評論大家排列在一起的。

夏志清：葉公超讀書極多，對二、三〇年代的英美前衛作家和主流文學都非常熟悉，不說半句外行話。

余英時的老師楊聯陞，也是葉公超的學生，他說：一九五九年，葉師已由台灣派駐美國，五月十五日爲紀念五四運動，由哈佛燕京學社同東亞研究中心聯名邀請葉師來講「五四前後的中國文學」，會上擠滿了人，由哈燕社代社長白思達與東亞研究中心的老闆費正清分別致詞介紹。葉師坐下來講，手無片紙而話如行雲流水，由清末講到左翼作家聯盟，講故事甚多，極有風趣。講完略有討論。大家都很欣賞，連以《五四運動》一書起家的周策縱兄都表示欽佩。

正當大家把葉公超看作文壇一顆大星、仰望他領袖群倫的時候，一九四〇年他忽然辭去西南聯大外語系主任，轉到外交界工作。當時國家正值對日抗戰的艱困時期，外交戰場需才孔亟，他「投筆從政」，自值得敬佩，但清華學生、留學英國、後來成為著名詩人的王辛笛認為：

> 在舊日師友之間，我們常常爲葉公超先生在抗戰期間由西南聯大棄教從政，深致惋嘆，既爲他一肚皮學問可惜，也都認爲他哪裡是個在舊社會中做官的材料？卻就此斷送了他十三年教學的首蓿生涯，這眞是一個時代的錯誤。

「一個時代的錯誤」，也許正符合葉公超後半生的際遇。

葉公超轉入外交界，先被國民黨中宣部派到馬來西亞、新加坡和倫敦工作，抗戰勝利回國正式進入外交部，任參事、歐洲司長、常務次長、政務次長，政府遷台，升任外交部長。他在部長任內完成兩件大事，一九五二年與日本代表河田烈歷時兩個月零七天的馬拉松式談判，簽署了《中日和約》，一九五四年與美國國務卿杜勒斯簽訂《中美共同防禦條約》。使國家大局得以穩定。

葉公超的脾氣不好是出了名的，對家人、親友或同事沒有不同。在北平時，吳宓到他家吃飯，他嫌菜燒得不好，當場叱責太太袁永熹，並把碗筷摔在地上。袁永熹一言不發，靜靜站在一旁。等丈夫發洩完了，她才說：「飯菜不合口味，我有責任，但你當著客人的面發這麼大的脾氣，也是不合適的。」

在外交部，同仁要見他，也戰戰兢兢。政務次長胡慶育曾說：他的脾氣在一天中有春夏秋冬四季，你拿不準去見他時會遇上哪一季，大家憑運氣，可能上午去看他時還好好的，下午就被罵了出來。

這樣的脾氣，終於使他在事業的巔峰時栽了個大筋斗。

一九五八年八月，葉公超繼董顯光之後出任駐美大使，深受艾森豪、甘迺迪、邱吉爾等西方領袖的肯定。一九六〇年且安排艾森豪總統訪台，對當時處境艱難的台灣，更是外交上一大成就。一九六一年因外蒙古加入聯合國問題，蔣介石總統急召葉公超大使返國，葉只帶了幾件換洗內衣匆匆就道。回到台北，蔣總統卻並不召見，僅傳諭：不必回去了。隨即派任他為行政院政務委員，不許出國，形同軟禁，直到一九七五年老蔣總統逝世，他才獲得自由。蔣經國任總統時，他受聘為總統府資政。

葉公超何故被黜，數十年來眾說紛紜，但都指向一個源頭：他「辱罵」蔣總統，被人打了小報告。傳說的內容是，外蒙古入聯合國，我國本擬使用否決權，美方認為不可，怕反而影響中華民國在聯合國的席次。中美雙方就此磋商時，美方關切蔣總統的態度會怎樣，據說葉出言不遜，表示「他懂得什麼外交」，甚至傳聞中還有其他不敬之詞。有人密報台北，蔣大怒，認他形同「叛逆」，立即召返，蔣在日記中以「葉逆」稱之，足見其「震怒」的程度。

筆者曾以此事向兩位外交部高級官員求證，一位說他「不知道」，但表示：大使是代表國家元首駐節外國，維護元首的尊嚴就是維護國家的尊嚴。似乎意在言外。

另一位說：

葉大使人很豪爽風趣，他在大使館宴客，偶在席間模仿蔣總統浙江奉化的鄉音，博客人一笑。在葉大使是隨和，在蔣總統可能覺得是不敬。

聽起來有些避重就輕。

但是也有反證葉公超非常尊敬蔣總統。葉逝世，《聯合報》資深記者于衡在追憶文中說：

中美共同防禦條約簽訂後，葉先生曾不斷訪美，有一次艾森豪總統在白宮接見葉先生，談到先總統蔣公，艾森豪向葉問道：貴國總統，果然像貴國報章所稱讚的那樣偉大嗎？葉答：如果我國總統不夠偉大，像我葉某這樣狷狂的人，能被重用？同樣的，如果我國總統不是一位偉大的領袖，我肯爲他做事嗎？

作家李敖曾回憶，他在美國新聞處副處長司馬笑（John Alvin Bottorff）家裡，葉公超曾對他說：

他加入國民黨，原希望兩腳踩到泥裡，可以把國民黨救出來，結果呢，他不但沒把國民黨救出來，反倒把自己陷進去，言下不勝悔恨。

一九六二年春天，葉公超應英千里和梁實秋的邀請，到台大和師大外文系兼課，講現代英美詩選，結果教室內外都擠滿了人，除了學生，還有慕名而來的社會人士。這種情形引起有關當局注意，課只上了一學期即未再繼續。這是在西南聯大之後，葉公超第二次離開課堂。他的文采，終未能充分傳承。

生當轉型易代之際，浪淘盡多少風流人物，難隨其志者豈只葉公超一人而已？

葉公超「賦閒」後，即寄情書畫，「怒而寫竹，喜而繪蘭，閒而狩獵，感而賦詩」，往來均藝壇名家，也樂於提攜青年人。他的「友多聞齋」懸著一幅劉延濤的水墨畫題詩：「自織，自耕，自在心，江千千種柳成蔭，興來一棹悠悠去，酒熟深杯細細斟。」煙波江上，老翁獨自倚舟，悠然自得。葉公超說：「這個老翁就是我！」

《聯合報》資深藝文記者陳長華曾記述書家姚夢谷的話：

葉公超表面看來不可親近，其實是一位爽朗的好人，對朋友熱心，對部屬體貼。在待友方面，拿他對書畫家陳子和的照顧就是很好的例子。陳子和因爲中風，纏綿病榻兩年三個月，貧病交加，不能言語。葉公超發起醫藥捐助，三天兩頭還到醫院探望。

陳長華還記述他協助青年藝術家的事：

他因爲欣賞席德進的才華，經常提供他意見，有時也掏腰包買席德進的畫。他以爲，青年藝術家在生活逼迫下還要摸索創作，的確是一件辛苦的事，他常鼓勵他們不要洩氣。他說：「藝術生活是苦的；也唯有吃苦才能產生藝術」。

有一次，他想幫助席德進，買他一件水彩畫，無奈手頭不方便，只好同席德進商量，分期付款，三年才付清。

藝術家何懷碩大學四年級時結識葉公超，成為他的忘年交，得到他很多幫助。葉辭世，何懷碩曾在紀念文中說：

公超老師應該做一位詩人。但時空與命運的陰差陽錯，他沒有成功地走上詩人之路，甚至他喜愛的書畫，也沒有使他成爲書法家與畫家。我問過他，假如生命再來一次，打算怎麼過？他說再不做同樣的事。他一生對新詩與語言十分有研究，對美術尤其用功甚勤。他的文章簡練眞摯。我們失去一位詩人，一位藝術家，誠可惋惜。

「怒而寫竹，喜而繪蘭」，葉公超寫竹多於繪蘭，他也常在竹畫上題詩：

未出土時先有節
到凌雲處總無心

「怒而寫竹」，葉公超特別歡喜繪竹。
（國立清華大學文物館珍藏資料）

但得托根清淨土
天寒勿寫最高枝
•
歷劫不撓君子節
畫中自有歲寒姿
•

詩言志也，可以略窺他的心境。

一九六二年秋天，葉公超遊野柳歸來，寫了下面這首詩，是流傳最廣的一首：

黃帽西風白馬鞍，登臨卻笑步爲難。
歸林倦鳥知安穩，照眼夕陽未覺殘。
欲借丹霞彌往轍，不因險巇亂心壇。
青山翠竹凌霄節，樂與遊人夾道看。

世人多知葉公超在外交上的成就，但他對保護國家文物毛公鼎，也有很大的貢獻。毛公鼎，是周宣王五年（前八二八—前七八二年）所鑄造的青銅鼎。腹內刻有五百字金文冊命書，有晚清「四大國寶」之譽。據考證，毛公鼎於清道光二十三年（一八四三年）

在陝西岐山鄉間被掘出，輾轉於古董商之手，外國人每企圖購買，愛國人士則極力呼籲保護國寶，後落於葉恭綽手中，存入大陸銀行。一九三七年抗日戰爭爆發，葉恭綽避走香港，將鼎藏在上海寓所未能帶出，乃交託於其侄葉公超，並謂日本人和美國人都想購買此鼎，絕不可讓它出國，有朝一日可獻給國家。日本軍方拘囚葉公超，並加拷問，葉堅不吐實。葉恭綽為營救侄兒，製造了一個假鼎交給日方，葉公超始得獲釋。毛公鼎最後回到故宮博物院，與翠玉白菜和肉形石合稱「故宮三寶」。

葉公超的身體漸漸衰老，常進出醫院，一九八一年秋天因感冒引發心臟宿疾，住進榮民總醫院治療，十一月二十日辭世，七十八歲。夫人袁永熹和子女住在美國，未曾回來。

葉公超病故當天，恰巧《聯合報・副刊》發表他〈病中瑣憶〉一文，最後兩段說：

生病開刀以來，許多老朋友來探望，我竟忍不住落淚。回想這一生，竟覺自己是悲劇的主角，一輩子脾氣大，吃的也就是這個虧，卻改不過來，總忍不住要發脾氣。

有一天做物理治療時遇見張岳公（按：總統府祕書長張群，字岳軍，政壇多以「張岳公」稱之），他講：「六十而耳順，就是凡事要聽話。」心中不免感慨。

張群勸他「凡事要聽話」，葉公超只表示「不免感慨」，未明言是否接受。

原載二〇二二年五月十六日《聯合報・副刊》

七十年後重讀毛澤東「窯洞對」

當時他說中國需要民主，現在大陸強調治理模式

天下有哪個政權，禁得住「權力」的考驗？
共產黨自一九四九年建政以來，「延安精神」
不知尚在否？

黃炎培(左)等人訪延安，毛澤東出面歡迎。

(fotoe/達志影像授權提供)

黃炎培

黃炎培（一八七八—一九六五），江蘇省川沙縣人，從事政治、教育和實業，是「中國民主同盟」主要發起人之一。民國初年，任江蘇省教育司司長，籌辦東南、暨南、同濟等大學，並倡導職業教育，提出「勞工神聖」、「雙手萬能」的教育宗旨。「九一八事變」後，從事抗日運動，在重慶時期任國防會議參議員。

川普領導美國，聯合西方盟友，共同打擊和抑制中國。說出口的及沒說出口的理由，是中國為一專制極權國家，不容於世界民主開放潮流。拜登雖組成新政府，但與中國對抗的情勢大概不會「舊貌換新顏」。

不過中國大陸這幾十年來飛躍進步，經濟已超英趕美，成為世界第二大經濟體。國內脫貧人口數字龐大，史上罕見。這次新冠病毒肆虐全球，死傷無算，中國大陸相對地控制較為成功，世人覺得這是它體制的「優越性」使然。於是出現一種論調：國家不必太強調意識形態，成功治理才最關重要。

但是，「中華人民共和國」的創建人毛澤東，當年未必是這樣想的，他公開表示嚮往民主，肯定地說「只有民主才能建設一個好的國家」。

毛澤東這些話，說了不止一次，最有名的一次是與黃炎培的「窯洞對」。一九四五年七月一日到五日，設在重慶的國民參政會參政員左舜生、傅斯年、黃炎培、章伯鈞、冷遹、褚輔成等六人，組團到延安訪問五天，試探國共兩黨能否透過談判停止內鬥。那時中共領導人和當地百姓一樣，都住在窯洞裡，毛澤東分別和他們見面談話。他與黃炎培論天下大勢，有下面這段對話：

黃炎培：「我生六十餘年，耳聞的不說，所親眼見到的，眞所謂『其興也勃焉，其亡也忽焉』。一人、一家、一團體、一地方、乃至於一國，不少單位都沒有能跳出這周期率的支配力。大凡初時聚精會神，沒有一事不用心，沒有一人不賣力，也許那時艱難困苦，只有從萬死中覓取一生。既而環境漸漸好轉了，精神也就漸漸放下了，有點因爲歷時長久，自然地惰性發作，由少數演爲多數，到風氣養成，雖有大力，無法扭轉，並且無法補救……。一部歷史，『政怠宦成』的也有，『人亡政息』的也有，『求榮取辱』的也有，總之，沒有能跳出這周期率。」

毛澤東：「我們已經找到新路，我們能跳出這周期率。這條新路，就是民主。只有讓人民來監督政府，政府才不敢鬆懈。只有人人起來負責，才不會人亡政息。」

黃炎培：「這話是對的，只有大政方針決之於公眾，個人『功業欲』才不會發生；只有把地方的事，公之於地方的人，才能使地地得人，人人得事，用民主來打破這個周期率，怕是有效的。」

國共內戰，纏鬥多年，一方面百姓望治心切，一方面共產黨勢力已不容小覷，大家對毛澤東和黃炎培的談話表示重視，乃仿諸葛亮與劉備「隆中對」之史話，謂之「窯洞對」，寄希望於毛的民主主張。

毛澤東主張民主，可不止說了一次。一九四四年六月十二日他接見中外記者團，開宗明義的說：

> 中國是有缺點，而且是很大的缺點，這種缺點，一言以蔽之，就是缺乏民主。中國人非常需要民主，因爲只有民主，抗戰才有力量，中國內部關係與對外關係，才能走上軌道，才能取得抗戰的勝利，才能建設一個好的國家。中國缺乏民主，是在座諸位所深知的。只有加上民主，中國才能前進一步。只有建立在言論出版、集會結社的自由與民主選舉政府的基礎上面，才是有力的政治。

不僅是毛個人，中共的領袖們，如周恩來、劉少奇、葉劍英等人，也發表了不少主張民主的言論，都經《人民日報》和《新華社》公開報導。

這些擲地有聲、大經大綸的言論，經大陸作家笑蜀集結成《歷史的先聲——半個世紀前的莊嚴承諾》這本書，於一九九九年由「汕頭大學出版社」印刷發行，立即被時任中央宣傳部部長的丁關根在內部會議上批判，隨後全國查禁。

可是「民主」出於人的思維，想禁禁不了，春風吹又生。二〇〇六年，中共中央編譯局副局長俞可平撰文〈民主是個好東西〉，在黨校《學習時報》上發表。它開宗明義的說：

「民主是個好東西，不是對個別人而言的，也不是對一些官員而言的，是對廣大人民群眾而言的。坦率的說，對於那些以自我爲重的官員而言，民主不但不是一個好東西，而是一個麻煩東西，甚至是一個壞東西。」

在長期一黨主政的大陸，俞可平的言論直如石破天驚，大家驚喜、錯愕之餘，不免猜測背後的來由。但是始終未見來由，也就不了了之。

日裔美籍政治學者福山一九八九年發表《歷史的終結》一書，斷言民主制度將「成為全世界最終的政府形式」。正當有人抨擊他文章武斷，意在譁眾取寵之時，柏林圍牆倒塌，蘇聯解體，西方國家沉浸在自由民主制度的勝利喜悅中。福山也被推崇為「歷史預言家」，聲名大噪。

但「東風吹，戰鼓擂」，世界情勢變了，隨著福山對發展中國家經濟和政治的更深入研究，他也改變了調子，表示國力和繁榮是政治體制是否成功的重要因素。福山是指中國大陸？他解釋不是推崇中國，而是強調國家能力與民主、法治必須達成平衡。

大陸的「國家能力」已被世人肯定，但是民主、法治如何，似乎仍有議論。而「能力」與「民主」，應該哪個先來，還是同時「齊頭並進」，都是難解的問題。

毛澤東在「窯洞對」的發言，算不算「對人民的莊嚴承諾」？中南海的人有沒有「繼承遺志」的責任？「窯洞對」距今七十五年，人壽幾何？

根據美國記者巴巴拉．塔奇曼在一九七二年出版的《史迪威和美國在中國的經驗一九一一—一九四五》這本書的記載，一群美國記者訪問延安，回到重慶與蔣夫人宋美齡見面，大家盛讚共產黨人的吃苦耐勞有幹勁有理想的精神氣質，宋美齡站到窗前，眺望一會，然後回頭幽幽地說：「如果你們的話是眞的，我就可以說，那是他們還沒有嘗到眞正權力的滋味。」

天下有哪個政權，禁得住「權力」的考驗？共產黨自一九四九年建國以來，「延安精神」恐怕早就丟盔棄甲了。同樣的，民進黨在台灣執政以後，「黨外精神」又爾今安在？參政團訪問成員中有傅斯年，毛澤東與他見面，窯洞相對，自然是「百感交集」。毛和傅一樣，都「出身北大」，他一九一八年從湖南鄉下走進北大校園，開始了新的人生。毛澤東曾向美國記者斯諾（Edgar Snow）回憶北大這段往事。

我自己在北平的生活是十分困苦的。我住在一個叫三眼井的地方，和另外七個人合住一個小房間，我們全體擠在炕上，連呼吸的地方都沒有。每逢我翻身都得預先警告身旁的人。

對於我，北平好像花費太大了；我是從朋友們借了錢來北平的，來了以後，馬上就必須尋找職業。楊昌濟——我從前在師範學校的倫理教員，這時是國立北京大學的教授（按：毛澤東後來娶了他的女兒楊開慧）。我請他幫助我找尋一個職業，他就把我介紹給北大的圖書館主任。這主任就是李大釗，他不久成了中國共產黨的創立者，後來被張作霖槍殺了。李大釗給我找到工作，當圖書館的助理員，每月給我一筆不算少的數目——八塊錢。

我的地位這樣地低下，以至於人們都躲避我。我擔任的工作是登記圖書館讀報紙的人們的名字，可是大多數人，都不把我當人看待。在這些來看報的人們當中，我認識了許多有名的新文化運動領袖們的名字。像傅斯年、羅家倫，和一些別的人，對於他們我是特別感興趣的。我打算去和他們開始交談政治和文化問題，可是他們都是忙人。他們沒時間去傾聽一個圖書館助理員說南方土話。

如今，兩人在窯洞相對，人物無殊，而風景已異。毛提及傅在「五四運動」中的重要角色，「為反封建與新文化運動做出過貢獻」。毛澤東雖這樣恭維傅斯年，但共產黨後來把不合己意的新文化運動者都打成「反動派」。

「五四」與德先生（democracy）和賽先生（science）連在一起。現在賽先生在中國大陸已經安居，甚至已經樂業，而德先生似乎仍在徘徊。

原載二〇二一年一月十五日《聯合報・副刊》

第七部

兩位洋人，影響中國

赫德，一百二十年前預言中國大崛起

在華五十年，做了中國「頂級大官」，銜至尚書，三代正一品。
為中國建海關制度，助中國辦外交爭權益

「中國將會有很長時期的掙扎，還會做錯很多的事情和遭受極大的災難，但或遲或早，這個國家將會以健康的、強大的、經驗老到的姿態呈現於世界，並擁有這個世界強加給它的軍事力量。」

赫德曾被畫成「裡面穿西裝，外面穿中國綠袍」的樣子，刊登在英國雜誌。
(Alamy/達志影像授權提供)

赫德。 (Alamy/達志影像授權提供)

赫德

赫德Robert Hart（一八三五—一九一一），英國人，生於北愛爾蘭，十九歲畢業於貝爾法斯特女王學院，隨後被派到中國，先在領事館任職，後參加中國海關服務，做到總稅務司，為中國建立了世界級的海關系統，且協助中國處理外交事務，受到清廷的封賞，官至正一品。一九〇八年回英醫病，一九一一年病逝，清廷追賜太子太保，加尚書銜。他退休後在英國、法國和德國的刊物上寫了很多文章，曾預言「中國將成為一個強國」，會拿回中國所失去的一切。

華人移民到歐美國家，常常感嘆受到歧視。但是，中國人也歧視外國人，一句「洋鬼子」已道盡一切。

二十年前，筆者曾在紐約居留多年，見華埠若干中文報刊，動輒以「黑鬼」稱呼非裔人。而那時，美國早已有了《民權法案》，「黑鬼」一詞應該已經觸法了。

自「鴉片戰爭」以來，歐美強權國家對中國無止境的侵陵與需索，更增加中國人對外人的仇視。但是，如果不是一竿子打翻一船人，我們也要說，很多歐美人士，尤其是傳教士，同情中國、幫助中國的也不在少數。在晚清現代化的過程中，這些人發生過重大影響。別的不說，僅《萬國公報》編刊物、寫文章的那一批人，如李提摩太、花之安、林樂知、李佳白、韋廉臣、威妥瑪等等，他們對中國朝野，或婉轉提出批評，或積極提供建議，都是「忠心耿耿」、「垂泣以道」，孰能謂「非我族類，其心必異」？

這些「愛中國的洋人」，人數眾多，不及備載，如果找一個有代表性但又「不太一樣」的外國人，也許海關總稅務司英國人赫德應該算是一個。他在中國五十年，不僅為中國建立了健全的海關制度，還協助中國處理外交事務，為中國爭取權益。一個外國人，卻做了中國的「大官」，階至頭品頂戴，銜至尚書，加太子太保，榮膺三代正一品封典。在退休回籍病逝時，清廷還頒旨褒揚。即使中國官吏，受到朝廷如此寵隆待遇者亦不多見。

赫德在辦公。　（fotoe/達志影像授權提供）

那麼赫德究竟是一個什麼樣的人？

赫德（Robert Hart）一八三五年出生於英國北愛爾蘭，十三歲入都柏林衛斯理書院，學習勤奮，十五歲入新創立的貝爾法斯特女王學院，並贏得獎學金。十八歲獲得文學士學位，在文學、邏輯及形上學科目獲得獎牌，畢業後決定繼續攻讀碩士學位，但在一八五四年春。被女王學院提名加入駐中國的領事團隊。

十九歲的赫德來到倫敦的外交部，在一八五四年五月（咸豐四年）離開英國赴中國。抵達香港，在英國駐華商務總署擔任見習翻譯三個月。再派到寧波英國領事館任翻譯官。他開始學習中文，聰明而努力，不到三年，已能說流利的中國話，也能閱讀中文。

他經歷各種職務的歷練，進入了由英國人操持的中國海關。一八六一年（咸豐十一年），在太平軍逼近上海的同時，英人總稅務司李泰國（Horatio Nelson Lay）向清廷請假回國治病，清廷任命兩人署理總稅務司，其一是赫德。赫德走訪全國各地籌辦海關。隨著天津條約的簽署，中國通商口岸迅速增加，海關系統急需擴張以管理日益增多的國際貿易。

一八六二年（同治元年），在赫德與恭親王的倡議下，中國第一所新式學校「京師同文館」成立，並在廣州設分部。「同文館」旨在培養中國未來的外交及其他方面的人才，學生學習外語、外國文化以及科學，經費來自海關稅收，負責人也由總稅務司推薦。「同文館」後來併入「京師大學堂」，就是今天的北京大學。

一八六三年（同治二年），李泰國回到上海銷假，但與恭親王及總理衙門不睦，中方認為李泰國傲慢且難與共事，因而將他解職，十一月三十日赫德正式接任海關總稅務司，徙駐上海。

作為大清海關總稅務司，赫德的主要職責是為中國政府收取關稅，同時負責將新式海關制度推廣到全國各處的海、河港口及內陸關口，將海關的運作制度化，並提高海關的效率和誠信度。赫德任內建立的新式海關包括一八六四年所置台灣南北新關、一八九九年與德使籌置的膠海新關、一八八六年赴香港、澳門，置九龍、拱北兩關、一九〇五年與日使籌置大連灣新關、一九〇七年東三省置關等。赫德並對清廷提出建議，改進了中國的很多港口和航運設施。

一八六四年，赫德加按察使銜，成為清朝的正三品大員。一八六五年，總稅務署從上海遷到北京。從此，赫德居住在北京四十多年。一八六九年，晉布政使銜，官階從二品。

在海關任內，赫德一直利用他對清廷的影響力推動本職外的近代化改革。他在任內創建了稅收、統計、浚港、檢疫等一整套嚴格的海關管理制度，新建了沿海港口的燈塔、氣象站，為北京政府開闢了一個穩定的、有保障的、並逐漸增長的新稅收來源，不但比舊式衙門清廉，甚至也是當時全球最清廉的海關。據大陸「邏輯思維」第五十三次節目的說明，赫德接任時每年稅收五百萬銀元，離任時增加到三千萬銀元。赫德主持的海關還創建了中國的現代郵政系統。一八六五年赫德回國完婚時上書恭親王，列舉改革建議，並且勸說清政府第一次派員出國考察。

在外交方面，赫德鼓勵清朝在其他國家設立使領館。赫德本人也富有外交才能，與中西官員建立友好關係，並利用這些關係來保證海關在風波不斷中繼續運作。由於中國各處被列強割據，赫德時常需要利用他的外交能力與列國使節協商設立海關和徵收關稅事宜，並在本職工作之外為中國外交服務。一八七六年，赫德協助簽訂《煙臺條約》，被認為阻止了一場中國與英國之間的戰爭。一八八四年中法越南衝突爆發，由於赫德的斡旋，中法雙方在天津簽署《中法新約》。

赫德同時身為英國人和中國官員，力求平衡雙方利益。十九世紀末，英國隨同其他列強開始在中國謀求更大的利益，赫德感到憂慮，因此與英國駐華使節關係並不完全良好。赫德認識到自己中國雇員的身分，從某種意義上講，是中國人民的「同胞」，是中國政府用來對付外國商人的外籍雇員。一八八五年威妥瑪退休，英國政府請赫德出任駐華、韓公使，在猶豫四個月後赫德拒絕了任命。他對外交大臣格蘭維爾勛爵說，他在中國海關的工作在一定程度上對中國和英國都有好處，而轉換職位的結果卻不清楚。一八八六年赫德獲清廷賞花翎、雙龍二等第一寶星。一八八九年（光緒十五年），升為正一品，一八九三年

（光緒十九年），賞三代一品封典。

赫德在中國任官長達五十年，與士大夫頗有往還。赫德與掌管總理衙門的恭親王奕訢合作密切，擅長幕後的「業餘外交」，是總理衙門「可以信賴的顧問」，「不但在稅務和商務問題方面，而且在外交和內政方面」，都有其不可忽視的影響力。甚至封疆大吏的人事任命，有時也要諮詢他的意見。恭親王奕訢說：「赫德雖系外國人，察其性情，尚屬馴順，語言亦多近禮」。他同時也與李鴻章合作，在一九〇〇年八國聯軍入京鎮壓義和團運動後，赫德與李配合參加《辛丑條約》談判，盡力維護中國利益以求達到中國能夠承受的議和條件。此後晉太子少保。一九〇二年（光緒二十八年），召入覲，賜「福」字。

一八七四年，中國開始建設新式海軍，總理衙門委託赫德向英國購買四艘艦艇，一八七九年赫德又協助購買八艘軍艦，後來成為北洋水師的起源。一八七九年赫德向總理衙門提議試辦海防條例，組裝南北兩洋海軍，並自薦出任「總海防司」，總理衙門本已同意，但李鴻章幕僚、道員薛福成向李呈文反對，稱赫德「陰鷙而專利」、「內西人而外中國」，認為如授赫德海防司職權，「數年之後，恐赫德不復如今日之可駕也」。受此影響，總理衙門要求赫德在總稅務司與總海防司之間選擇其一，赫德選擇繼續擔任總稅務司，放棄總海防司職位。

身為洋人的赫德，工作分寸如何掌握，並非易事。他曾謁兩江總督曾國藩商談，曾氏告以：

凡一切華洋交涉，如屬對雙方有益，本人無不贊成；如對洋方有利，對華方無損，亦可照准；但如有損華方，雖有益洋方，必予斥駁。

赫德認曾國藩的這項政策明達準確，十分贊成，此後涉及華洋事務者，概本此原則。部分英人遂認赫德親華，甚至有詆為「英奸」者。

一九〇八年四月十三日，七十三歲的赫德因病休假回國，並在辦公室留下一張意味深長的便條：「一九〇八年四月十三日上午七時，赫德走了。」此後他仍然掛著總稅務司的頭銜直到一九一〇年。離開中國三年後，一九一一年九月二十日赫德因肺炎引發心臟衰竭病逝。清廷追賜優恤、加尚書銜、太子太保。

赫德辭世前，發表不少文章，多涉及中國，其中一篇〈中國，改革與列強〉（*China,Reform and the Powers*），一九〇一年刊於英國著名的《雙週評論》和《巴黎週報》《德國評論》等刊物，預言中國將變得強大，不再受人欺侮：

今天的這一事件（義和團運動）不是沒有意義的，它是一個要發生變革的世紀的序幕，是遠東未來歷史的基調：二〇〇〇年的中國將大大不同於一九〇〇年的中國。民族感情是

英軍監殺義和團成員。 （fotoe/達志影像授權提供）

一個永久性的因素，這是必須承認的，在研究一個民族世紀狀況時，絕不能排除這個因素，而在中國，唯一普遍存在的感情就是對中國制度的自豪和對外國一切的蔑視。

中國人是一個有才智、有教養的種族，冷靜、勤勞，有自己的文明，無論語言、思想和感情各方面都是中國式的，人口總數約有四億，生活在自己的疆域內，在他們所繁衍的國度裡有肥沃的土地和眾多的江河，有千姿百態的高山和平原、丘陵和溪谷，有各種各樣的氣候和條件，地面上生產著一個民族所需要的一切，地底下埋藏著從未開發過的無窮的寶藏，這個種族，在經過數千年唯我獨尊與閉關自守之後，已經迫於形勢和外來者的巨大優勢，同世界其餘各國發生了條約關係，但是他們認爲那是一種恥辱，他們知道從這種關係中得不到好處，所以正在指望有朝一日自己能夠十足地強大起來，重新恢復昔日的生活，排除同外國的交往、一切外來的干涉和入侵。用睡眠來形容，這個民族已經酣睡了很久，但現在他已經甦醒，他的每一個成員身上都激盪著一種中國人的情感「中國是中國人的，把外國人趕出去！」

義和團無疑是官方煽動的產物，但是這個運動已經吸納了群眾的想像力，將會像野火一樣燒遍中國各個角落。簡單說來，它是一個純粹的愛國的自發運動，其目標是使中國強盛起來。它並不是一次失敗，他證明了廣大民眾會如何齊心協力的響應號召，也進一步表明原來謹小愼微的官方有意限制義和團只使用大刀長矛，這是不夠的，必須要用毛瑟步槍和克虜伯大炮來代替他，將來的愛國者將擁有金錢所能買到的最好武器。

「危及世界未來」這幾個字無疑將引起鬨堂大笑，好吧，讓他們去笑吧，但願他們會一直笑下去，兩千萬或兩千萬以上武裝起來的、訓練有素、紀律嚴明而又被愛國（即使是被誤解了）動機所激勵的團民，將使外國人不可能再在中國住下去，將從外國人那裡收回外國人從中國拿去的一切，將額外加價的報復舊日的怨恨，將把中國的國旗和中國的武器帶到許許多多現在連想都想不到的地方去。

五十年以後，就將有千百萬團民排成密集隊形，穿戴全副盔甲，聽候中國政府的號召，這一點是不用懷疑的。如果中國政府繼續存在下去，它將鼓勵（而這樣鼓勵是很對的）支持並發展這個中華民族運動。這個運動對世界其餘各國將是不祥之兆，但是中國有權這樣做，中國將貫徹她的民族計劃。

中國將會有很長時期的掙扎，還會做錯很多的事情和遭受極大的災難，但或遲或早，這個國家將會以健康的、強大的、經驗老到的姿態呈現於世界，並擁有這個世界強加給它的軍事力量。而且，既然它必須擁有，它必將擁有最好的：最好的武器，最適當的訓練，最高級的教育，士兵的數量將視人口的允許和情況的需要而定，士兵的質量將會一代勝過一代。今天，爲了義和團在去年的所作所爲而懲罰中國，西方在禁止向中國出口的物品中包括武器，關於這一點，一位中國貴胄子弟曾對我說：「很好，這將迫使我們成爲生產者，且請記住我的話，總有一天我們會成爲出口商，不僅那樣，而且還會比現在（你們的）製造商賣得更便宜。」

距離赫德發表上述的言論，已經過去一百二十年了，我們現在也許可以檢驗，這個「中國通」的預言說中了多少？

原載二〇二二年十二月二十九日《聯合報．副刊》

斯諾，看了「文革」，後悔寫《西行漫記》嗎？

他原本欽佩毛澤東，但晚年在日記中改變了看法

「美國社會半世紀以來，對『紅色中國』產生的幻想和屢屢誤判，追本溯源，同當時斯諾《西行漫記》那一輩左翼知識分子很有關係。」

斯諾（左）初訪延安時與毛澤東合影。　(fotoe/達志影像授權提供)

斯諾

斯諾Edgar Snow（一九〇五—一九七二），美國記者，密蘇里州堪薩斯城人，畢業於密大新聞學院。一九二八年到遠東作旅行採訪，後長駐中國，為美國報章雜誌撰稿。一九三六年訪問陝甘寧邊區，採訪了毛澤東等中共領導人，用英文寫成三十萬字的《紅星照耀中國》，介紹共產黨，在美國及西方成為暢銷書，後以《西行漫記》之名在中國翻譯出版，對共產黨的成長茁壯大有幫助。中共建國後，視斯諾為「中國最好的朋友」。他死後部分骨灰葬於北京大學。

泰晤士高等教育研究機構二〇二一年六月十日公布年度世界大學排行榜，在九十九個國家一千六百六十二所大學的評比中，北京大學和清華大學並列第十六名。台灣的大學未有進一百名者。

到北京參觀「北京大學」可能被很多外地遊人列在行程表上。北大校園風景自然是「一塔湖圖」——博雅塔（儲水塔）、未名湖和圖書館。但還有一處「名勝」，一般人未必知道：在未名湖畔有一座墓，墓碑為一長方形的白色大理石，刻著葉劍英題詞「中國人民的美國朋友埃德加・斯諾之墓」，下註英文Edgar Snow，一九〇五—一九七二。

斯諾是一位美國記者，一九二八年到中國，一九三六年訪問陝北共產黨根據地，次年出版《紅星照耀中國》（*Red Star Over China*），又名《西行漫記》，是外國記者首次將共產黨和毛澤東介紹到西方，造成國際轟動，激勵不少外國人以行動和言論相助中國共

埃德加・斯諾部分骨灰葬於北京大學的未名湖邊，墓碑由葉劍英手書。（Shutterstock提供）

產黨；也使很多中國青年嚮往紅區，奔赴延安。在內外條件配合下，幫助中共由壯大而最後取得政權。毛澤東曾說：「斯諾著作的功勞，可與大禹治水相比」。

初臨中國，斯諾還只是一個充滿好奇心的年輕人，他起初並無雄心壯志，甚至簡單到僅僅是為了旅遊。可是當他經歷了「九一八事變」和「一二・九學生運動」之後，才發現已置身一個撲朔迷離的國度。他目睹了日本帝國主義的暴行以及國民黨對共產黨人的捕殺和圍剿，同時也看到不少農民、工人、學生卻冒險加入紅軍。

這些都引發了作為新聞記者斯諾的思

考：中國共產黨人究竟是什麼樣的人？他們的領導人是誰？這些戰士戰鬥得那麼長久，那麼頑強，是什麼樣的目標，什麼樣的理想，使他們成為這樣的戰士？斯諾說：

我們都知道，要對紅色中國有所瞭解，唯一的辦法就是到那裡去一趟！

早在一九三二年和一九三四年斯諾兩次計畫訪問蘇區，都未成功。一九三六年五月，斯諾從北平來到上海拜訪宋慶齡，再提請求，在宋慶齡的協助下，斯諾終於成行。懷著「拿一個外國人腦袋去冒一下險」的心情，在一個午夜登上了一列破舊的前往「紅色中國」的火車。

一九三六年七月十三日，斯諾和美國醫生馬海德祕密抵達延安，他們的到來有助於打破國民黨對蘇區的消息封鎖，因此受到共軍的歡迎和重視，還獲得周恩來「見到什麼，都可以報導，我們要給你一切幫助來考察蘇區」的承諾。

紅軍給他們每人配發了一匹馬、一支步槍、一套嶄新的軍服和一頂紅軍紅星八角帽。為便於採訪，斯諾的住處被安排在離毛澤東所住窯洞不遠的山腳下。

七月十五日，斯諾接到通知，毛澤東將要接見他們。當斯諾等人懷著興奮的心情走進毛澤東住的院子時，主人已經在門口微笑著迎接他們。毛澤東用有力的大手握住斯諾的手，高興地說：「歡迎！歡迎！」斯諾觀察到，作為中國共產黨的領袖，毛澤東住的窯洞實在是太狹小了。但就是在這簡樸的窯洞裡，毛澤東和斯諾進行了數十次徹夜長談。

根據後來的報導：

毛澤東全面分析了國際形勢，指出可以結成一個反侵略、反戰爭以及反法西斯的世界同盟。毛澤東的談話，開宗明義、簡潔有力，一下子就抓住了斯諾的心。在接下來的數天裡，兩人的話題深入而廣泛，包括論反對日本帝國主義、論持久戰、統一戰線問題、戰略戰術問題、組織和武裝民眾問題、內政問題、中共同共產國際以及蘇聯的關係，包括自己個人的問題等。

因為毛澤東有晚上工作的習慣，談話常常從晚上九點開始，一直到次日凌晨兩點多才結束。

在對毛澤東和共軍的重要軍政人員進行了深入訪問之後，斯諾又遵照毛澤東「到前線去看看」的意見，到前線生活了一個月。斯諾在紀錄中說：

不論他們的生活是多麼原始簡單，

斯諾的著作對中共壯大很有幫助，一九八五年中國大陸曾為他發行紀念郵票。
（Shutterstock提供）

但至少這是一種健康的生活，有運動的地方，有新鮮的山間空氣，而自由、尊嚴、希望，這一切都有充分發展的餘地。

一九三六年十月，斯諾離開蘇區回到北平住所，便開始在一些英美報刊發表系列通訊，報導自己在中共根據地的所見所聞，以及毛澤東的戎裝照片，這是全球天大的「獨家新聞」，引起國際普遍的關注。正如斯諾的太太海倫所言：

在斯諾的報導發出之前，對於中國共產黨人，特別是他們的領袖毛澤東，不僅蘇聯人不了解，就連中國人自己也完全不知道，更不用說西方了。

作為第一個採訪毛澤東的外國記者，斯諾在《紅星照耀中國》中這樣描述他：

他有著中國農民質樸純眞的性格，頗有幽默感，喜歡憨笑……但是這種孩子氣的笑，絲毫也不會動搖他內心對自己目標的信念。他每天工作十三四個小時，常常到深夜兩三點鐘才休息。他的身體彷彿是鐵打的。做了十年紅軍領袖，千百次地沒收了地主、官僚和稅吏的財產，但他所有的財物卻依然是一捲鋪蓋，幾件隨身衣物。

斯諾就此和毛澤東結下了深厚的友誼。

一九三七年，《紅星照耀中國》在英國一經問世，銷量即超過十萬冊。一年後，它的第一個中文全譯本在上海出版，考慮到要在國民黨政府統治區發行，譯本改名為《西行漫記》。

《西行漫記》在國際上產生了非常大的影響。加拿大的國際主義戰士、不遠萬里來到中國的白求恩大夫，以及印度援華醫療隊的柯棣華大夫等，都曾閱讀過《西行漫記》，並受到鼓舞。而大批西方左翼知識分子，紛紛奔赴延安，為中共對外宣傳服務。美國歷史學家拉鐵摩爾在為傑克・貝爾登《中國震撼世界》寫作序言時，曾描述：

在人們政治上陷入思想苦悶的情況下，斯諾的《西行漫記》就像焰火一樣，騰空而起，劃破了蒼茫的暮色。書中介紹了人們聞所未聞的或者只是隱隱約約有點兒感覺的情況。那本書裡沒有什麼宣傳，只有對實際情況的報導。原來還有另外一個中國啊！

用今天的角度重讀《西行漫記》會覺得斯諾對中共有嚴重誤判。誠然，我們不能用今日已知的歷史發展來責備斯諾當年的天真，但是，他前往延安時已經在中國當了七年記者，用「追求事實真相」是新聞界基本守則來審視他這名「記者」，應不為過。其實，他只要稍稍聆聽一下當時中國其他人的聲音，就不至於被批評「陷入中共的統戰宣傳」。

在斯諾進入延安那個年代，有不少中國具有卓見的知識分子，對中共宣稱要進行的無產階級革命深抱懷疑態度。例如梁啟超，他早就預測社會主義會帶給中國災難。他在一九二七年五月五日〈致孩子們〉一文中說道：

一九七〇年十月一日，毛澤東邀請斯諾（左）一起登上天安門城樓參加國慶，並替他帶信息給美國總統尼克森，一九七二年尼克森訪北京。(Alamy/達志影像授權提供)

思永（按：梁啓超次子）來信說很表同情共產主義，我看了不禁一驚，並非是怕我們家裡有共產黨，實在看見像我們思永這樣潔白的青年，也會中了這種迷藥，即全國青年之類此者何限？眞不能不替中國前途擔驚受怕，因此越發感覺有做文章之必要。

他們（指中共）的戰略眞周密極了，巧妙極了，但到他們計畫全部實現時，中國土地將變成沙漠，人民將變成餓殍罷了。

他在同日〈與令嫻女士等書〉中，預測中共會取得政權，他說：

最後的勝利，只怕還是共黨。共黨也不能得到眞的勝利——不全像俄國那樣，但是這種毒菌深入社會，把全國攪到一塌糊塗，人民死一大半，土地變成沙漠，便算完事。

對照中國大陸今天的發展與崛起，梁啟超當然沒有完全預測準確，但中共建國過程中種種重大錯誤，與當時百姓所受苦難之深重，梁氏的預言，亦屬悲天憫人矣！

斯諾在一九六〇年至一九七〇年又有三次訪華，到了北京、陝西、內蒙古、廣東、西藏、雲南、江蘇、東北、上海等地，寫成兩部長篇報導《大河彼岸》與《漫長的革命》。在這兩部著作中，斯諾依然全面讚頌中共，似乎未注意到中國百姓的生活處境。

但事實上斯諾是注意到了。斯諾一九七〇年的訪華，是毛澤東借他傳個「信息」給尼克森，表示歡迎美國與中國握手。斯諾完成了這個「任務」，但他同時也認識到「新中國」和毛澤東的真實面貌。

斯諾從美國到中國這些年，尤其後來訪問蘇區和撰寫書籍，都曾留下日記，真實記載了他的希望和恐懼，以及感懷和糾結，他的朋友伯納德・托馬斯（Bernard Thomas），使用這些材料，撰寫成《冒險的歲月——埃德加・斯諾在中國》（*Season of High Adventure-Edgar Snow in China*），應該是了解斯諾最真實的材料——尤其是對他最後一次中國之行。

曾在新加坡《海峽時報》任職的程翔，根據《冒險的歲月》的內容，於二〇二〇年六月寫成對斯諾評論的文章，他說，「美國社會半世紀以來，對『紅色中國』產生的幻想和屢屢誤判，追本溯源，同當時斯諾《西行漫記》那一輩左翼知識分子很有關係。」

香港的《開放雜誌》，當年曾刊載了斯諾最後一次回到中國的評述：

斯諾最後一次到中國是在一九七〇年文革時期。他八月經香港到廣州，已感覺「中國是一個只有一種聲音的國家」。到北京，斯諾見到他當年在燕京大學兼課時的學生、時任外交部長的黃華。黃稱：「我們鄙視金錢和財產，要創造社會主義社會新型更高尚的人。」斯諾後來指出：「毛澤東支配中國的思想和行動的程度，超過了我原來的想像。」斯諾見中國所有的人都背誦「紅寶書」（毛主席語錄），很反感和驚訝：「毛澤東的思想是不是沙文主義？是不是埋葬了眞理？是不是自相矛盾？」斯諾在四天中都見到人們向黨交心，早請示，晚匯報，覺得是聽了四天向邪教主的懺悔，祈求再生。斯諾去延安和南泥灣「五七幹校」，覺得那裡的情形如同監獄生活。

斯諾回到北京見到毛澤東和周恩來。毛說：「文化大革命是一場全面內戰，必須與反革命分子和走資本主義道路的當權派作鬥爭。」斯諾稱爲「毛澤東巧妙地開脫自己的責任。」毛在回答斯諾的提問時說道：「人們崇拜毛澤東是正當的。」後來斯諾在日記中寫道：「毛澤東聲稱每個人都想被崇拜。毛還論證崇拜在政治上的必要性。『皇帝崇拜』是根深柢固的中國傳統。」毛澤東提醒斯諾，他在一九六五年就説過，赫魯曉夫倒台與他缺少個人崇拜有關。毛向斯諾透露，隨後要掀起對毛澤東崇拜的大規模宣傳，那是必不可少的，那樣才可以打倒劉少奇，奪回領導權。

斯諾發現毛澤東一面以自己是湖南師範學校背景爲榮，一面又辱罵中國的教師群體，把知識分子統稱爲資產階級。斯諾還發現毛澤東自詡「和尚打傘，無法無天。」一九七一年二月六日，斯諾因身體疲憊，經廣州去香港，情緒低落。此次大陸之行刺激了他，使他深感困惑不安。他發現毛澤東可厭的一面，對於當年寫《西行漫記》不無悔意。斯諾原先是同情、讚揚毛澤東的，是毛的好朋友，最後，他改變了看法，厭惡毛的爲人。

斯諾回到美國，適逢「麥卡錫主義」狂飆，他被迫遷居瑞士，一九七二年二月十五日病逝，部分骨灰葬於北大未名湖畔。

《西行漫記》幫助共產黨取得政權。但是它也可以作為一面鏡子，讓今天的主政者，省思前人的成功與錯誤。

原載二〇二二年二月十六日《聯合報・副刊》

跋

看不盡的生命際遇，道不完的風骨情采

讀張作錦《今文觀止：試從故紙看今朝》

◎陳義芝

在一個噪音如煙塵的時代，總還會有另外一種聲音預示著塵埃落定。這是知識分子的信念，哪怕聲音微弱如燭光，當其時未必能激濁揚清，卻足供後人臨風懷想，效法、借鑑，所謂「古道照顏色」！張作錦先生這部書題名《今文觀止：試從故紙看今朝》，正是為凸顯被漠視或被遺忘的「思想原聲」，以那些靈魂聲音作眼前社會的風向標。

作錦先生是一位傑出報人，「感時篇」等專欄文章，呈現他的眼光、器識、胸懷，已結集十餘冊，是當代「報章體」（冷雋精悍的短文）最具代表的成果。他提携、影響了許多人，大家敬稱他「作老」。

《今文觀止》，相對於清初康熙年間吳楚材、吳調侯叔侄編選的《古文觀止》，所選的「今文」，包括晚清半文半白體及民國白話文，大約以敘事忠誠、議論懇切為要，有別於閒逸的「現代散文」。這些文章擱淺在歷史河道轉彎之處，經作老沿流採揀，擷取關鍵時刻盪漾人心的文獻，重塑三十餘位時代人物的作為，再現他們鮮活的身影。

書中最早期的人物是徐光啟（一五六二—一六三三）。明朝末年這位與利瑪竇合譯歐幾理得《幾何原本》的科學先驅，作老稱他是「第一個睜開眼睛觀望世界的中國知識分子」，他譯的書是「啟蒙中國現代文明的一顆火種」。台灣的光啟社是紀念徐光啟的，能聯想其人的已不多，更遑論感念他譯《幾何原本》的想法——欲將金針度與人，使人人能繡鴛鴦。徐光啟與《古文觀止》最後一篇〈五人墓碑記〉的作者張溥（一六〇二—一六四一）同為崇禎朝人。

古文之所以觀止，在其立意高遠、情理幽深，能使讀者觸類興發。《今文觀止》的意境、選文標準相近。鄭板橋（一六九三—一七六六）之所以入列，就在他有美德懿行，《板橋家書》精采段落，足以為中學國文〈寄弟墨書〉之補充。作老強調，鄭板橋說的「風俗偷則不同為惡」，以今日的台灣政風民情言，不可等閒視之。板橋反省自己究竟是怎樣的一個讀書人？「不過挪移借貸，改竄添補，便爾釣名欺世」，在他無疑是謙虛自惕，卻像極今天誇稱教授實為取悅「市場體系」的學術受雇者。

十九世紀的範型人物，在《今文觀止》中以清代林則徐（一七五八—一八五〇）、魏源（一七九四—一八五七）、武訓（一八三八—一八九六）、譚嗣同（一八六五—一八九八）為代表。林則徐是斷言中國大患在俄國的人。作老回顧俄國對中國的劫奪，綜觀國際政治的權謀血腥，警示國人「國家要有力量」，才不會被人棄如敝屣。魏源的《海國圖志》呼籲昏睡的大清帝國「師夷之長技以制夷」，開啟了中國近代化的契機。魏源所未曾注意到的政治層面，後來有鄭觀應（一八四二—一九二二）的《盛世危言》補上。他們都是值得認識的人物。

戊戌變法死難的譚嗣同，以〈獄中題壁〉詩「我自橫刀向天笑，去留肝膽兩昆侖」傳世，「不有行者無以圖將來；不有死者無以召後起」的殉道說，尤其教人動容。慈禧銜恨他變法態度激烈，「令以鈍刀行刑，總共砍了他三十幾刀，譚始斷氣，非常慘烈……」作老這般描述，既見譚嗣同的俠情，也見掌權魔頭的殘忍。

過渡時代，令人切齒的人不少，令人仰望的人也所在多有。

行乞者武訓（一八三八—一八九六）、拾荒者王貫英、「豬仔勞工」丁龍的興學事蹟，作老合成一章，發揚了底層人士興辦教育的志氣。書中也推介了多位身在教育高層，引領學術文化的大師，例如：滿清末年，容閎（一八二八—一九一二）為使中國走上改革復興的道路，構建出送幼童赴美留學的教育大計；張元濟（一八六七—一九五九）創設學堂、講求實學，主持商務印書館推動了平民教育；梁啟超（一八七三—一九二九）創辦《新民叢報》，鼓吹「新民說」，以《飲冰室文集》影響時勢，是晚清「詩界革命」和「小說界革命」的引領者。抗戰時，錢穆（一八九五—一九九〇）在空襲警報不斷、流離不安中完成了「為中華文化招魂」的《國史大綱》；戰後，陳寅恪（一八〇九—一九六九）在雙目失明的情況下，口述八十餘萬字《柳如是別傳》。一九四八年底，陳寅恪未能隨國府來台，留在大陸，仍堅持自由意志、獨立精神，敢於跟毛、劉等共黨領袖談任職條件。這些人都堪稱「昨夜啟明的星辰」！

作老說：「清末民初以來的知識分子，論文章之豐盛及影響力之巨大，恐無過於梁啟超者」。他摘錄了梁氏兩篇廣傳的文章，一是痛責徐志摩、陸小曼的證婚詞，一是抵拒袁世凱稱帝的〈異哉所謂國體問題者〉；同時引用梁啟超寫給在美國讀書的子女的信，強調品性訓練的重要。最終對梁的評論是：懍然以對袁世凱的威脅利誘，是對國家人民的「忠」；忍痛以對徐志摩的師生情誼，是對倫理綱常的「誠」。有此忠誠，乃有斯人。

論人格風範，不能不說梅貽琦（一八八九—一九六二）：一九三〇年代及一九五〇年代分別擔任北京清華大學及新竹清華大學校長；抗戰期間主持西南聯大校務時，「賣掉了清華校長的汽車，辭退了司機，他能賺的外快統統拿來補助教師們的困苦生活」，「夫人韓咏華為維持家計，上街擺攤賣米糕」。此文收束處，作老說他三度探訪西南聯大故址，徘徊在校園，想到下面這一則故事輒熱淚盈眶。這則故事的確令人心潮翻湧，值得再一次引錄：

> 學生徒步三千公里來到昆明，但西南聯大沒有校舍，主要租借民房、中學、會館上課。爲了恢復正常的教學功能，學校把大部分經費用來購買了圖書和設備。
>
> 梁思成、林徽音夫婦來到昆明後，梅貽琦請兩人爲西南聯大設計校舍。兩人欣然受命，一個月後，一個一流的現代化大學躍然紙上。但這個一流設計方案立即被否定，因爲學校拿不出這麼多經費。此後兩個月，梁思成把設計方案改了一稿又一稿：高樓變成矮樓，矮樓變成平房，磚牆變成土牆。當梁思成夫婦交出最後圖稿時，聯大建設長黃鈺生滿臉無奈地說：「除了圖書館屋頂可以使用青瓦，實驗室可以使用鐵皮之外，其他建築的屋頂一律覆蓋茅草，磚頭和木料再減一半，麻煩您再作一次調整。」
>
> 梁思成忍無可忍，衝進校長辦公室，把設計圖狠狠砸在梅貽琦辦公桌上。「改！改！

改！你還要我怎麼改？茅草房？每個農民都會蓋，要我梁思成幹什麼？」梅貽琦把圖紙一張張收好，歉疚地說：「思成，以你的大度，請再諒解我們一次。」梁思成接過圖紙，喉嚨哽咽住了：「你知不知道農民蓋一幢茅草房要多少木料？你給的木料連一幢標準的茅草房都不夠！」

梅貽琦喉結上下滾動，聲音幾近顫抖：「思成，等抗戰勝利後回到北平，我一定請你來建一個世界一流的『清華園』，算是我還給你的……行嗎？」

半年後，一幢幢茅草房鋪滿了西南聯大校園。

讀者若是鑽研文學的，我想，對作老評述葉公超（一九〇四－一九八一）這位文學明星、外交才子的事蹟定感興趣，西方詩人艾略特（T.S.Eliot）、佛洛斯特（Robert Frost）都曾稱許George Yeh這位新月詩人的詩才。

徐志摩元配張幼儀（一九〇〇－一九八九）的歸宿如何，也會是值得一探的詩壇外篇。張是一位獨特女性，很難用一個語詞形容，不同於《女誡》中人，因她有闖蕩世界開拓的能力；相對於「女性主義」，她又是那樣地承擔「婦道」。徐志摩遺棄了她，而她究竟愛不愛徐志摩？在她眼中什麼是愛？〈母如得人，兒請父事〉一文有答案。

年少時我讀歷史課本，對李鴻章（一八二三－一九〇一）的印象十分刻板，想當然爾，無非割地賠款、喪權辱國的宰相。殊不知他在國際媒體面前受訪，有政治灼見，有前瞻視野，有批評勇氣。不讀《今文觀止》，不免就會錯認這位運遇不佳的大清名臣。

天下有哪個政權禁得住「權力」的考驗？作老替千千萬萬百姓提問。他觀照政局發展，檢驗改朝換代之際，人們的夢幻與誤判，感嘆知識分子殉身以抗議，血淚斑斑，王國維、老舍、傅雷都是「殉文化」的文化大師。

文革時傅雷不堪折磨而自盡，作老提示傅雷死前手寫的字條：「留款請代繳房租；友人託修的手錶歸還；親戚存放的首飾被紅衛兵抄家拿走，留款作爲賠償；留下火葬費；留六百元給保母，作爲過渡時期的生活費，她一生孤苦，我們不願她無辜受累。」文字何等乾淨，心思何等清白！活生生被惡逼死，卻留下了最善良的人性；處處為人著想，不使此生留虧欠於世上，合當作觀止之今文。

改朝換代真不是兒戲！舊朝之失，新朝往往難免，甚或有更惡於舊朝者。歷史的輪迴，造就不少可歌可泣的身影，也一再上演數不清人神共憤的事。

秉持報人精神，作老關切社會民生，近兩年埋首於故紙堆中，思辨求索，挖掘可感的人物事蹟，藉前人生命價值的實踐以對應今日社會，向歷史的提問再次提問，期勉今人不要對文化失去溫情，不要對歷史失去敬意。

書中舉述了諸多不同領域中人的言行，我沒點到名的還有：光緒皇帝、孫中山、胡適、嚴復、俞大維、盧作孚、張學良……，及兩位與中國國局有關的洋人。——有看不盡的生命際遇、世途遺恨，有道不完的風骨情采、人格操守！

獨立蒼茫，這些聲音會是空谷足音嗎？文章登在《聯副》時，我未曾錯過，而今整卷拜讀，更深受召喚。「悵望千秋一灑淚，蕭條異代不同時」，不期然生出了杜詩的感懷。

——二〇二二年十一月十六日寫於紅樹林

社會人文 BGB542

今文觀止
試從故紙看今朝

張作錦一著

總編輯一吳佩穎
主編一沈珮君
責任編輯一郭昕詠
封面設計一薛偉成
內頁設計一水分子

出版者一遠見天下文化出版股份有限公司
創辦人一高希均、王力行
遠見・天下文化 事業群榮譽董事長一高希均
遠見・天下文化 事業群董事長一王力行
天下文化社長一林天來
國際事務開發部兼版權中心總監一潘欣
法律顧問一理律法律事務所陳長文律師
著作權顧問一魏啟翔律師
社址一臺北市104松江路93巷1號

讀者服務專線一 02-2662-0012 ｜傳真一 02-2662-0007；02-2662-0009
電子郵件信箱一 cwpc@cwgy.com.tw
直接郵撥帳號一 1326703-6號 遠見天下文化出版股份有限公司

製版廠一中原造像股份有限公司
印刷廠一中原造像股份有限公司
裝訂廠一聿成裝訂股份有限公司
登記證一局版台業字第2517號
總經銷一大和書報圖書股份有限公司
電話／(02)8990-2588
出版日期一 2022年12月30日第一版第1次印行
2023年 7 月18日第一版第9次印行

定價 一 NT 500元
ISBN 一 978-986-525-804-7(精裝)
電子書ISBN 一 9786263550131 (EPUB)；9786263550148 (PDF)
書號 一 BGB542
天下文化官網 一 bookzone.cwgv.com.tw

國家圖書館出版品預行編目(CIP)資料

今文觀止:試從故紙看今朝 / 張作錦著. -- 第一版. -- 臺北市：遠見天下文化出版股份有限公司, 2022.12

面； 公分. -- (社會人文；BGB542)

ISBN 978-986-525-804-7(精裝)

1.CST: 社會史 2.CST: 中國

540.92 111013456

天下文化

BELIEVE IN READING